Vorwort

Der Computer ist da — und nun ???

Simone M. will ihn schon lange – endlich ergibt sich die Möglichkeit, denn der Träger kauft einen neuen PC fürs Pfarrbüro und rangiert den alten aus. Der Zivi schließt ihn an – und da steht er nun: Der Computer im Kindergarten, sogar mit Zugang zum Internet. Wer nicht regelmäßig mit ihm arbeitet, wird nur schwer vertraut mit ihm, das weiß Simone M. von Kolleginnen. Und der Spaß stellt sich natürlich auch erst im sicheren Umgang mit dem PC ein. Aber: Aller Anfang ist schwer – und woher soll sie die Zeit für das dicke Handbuch nehmen? Den nächsten Elternbrief tippt Simone M. noch auf der alten „Gabriele". Dabei schielt sie immer wieder nach dem Computer in der Ecke. Wahrscheinlich ginge es damit weitaus komfortabler, und die Kollegin aus dem Rotkreuz-Kindergarten sagt, sie nutze das Programm auch ganz mühelos für die gesamte Verwaltung. Wenn sie nur erst soweit wäre... Da kommt Anna, die Älteste aus der Bärengruppe. Sie hat den grauen Kasten gleich entdeckt. „Cool", sagt sie, „dürfen wir mal ‚Petterson und Findus' dran spielen? Ich weiß, wie's geht!" Das ist das Signal für Simone M.: Jetzt gibt es kein Aufschieben mehr. Jetzt wird angefangen!

Für Simone M. und alle ErzieherInnen, die mit Computer und Internet bislang noch nicht vertraut sind, ist dieses Heft geschrieben. Uschi Wiese-Fiedler führt in die Grundlagen der PC-Nutzung für KiTa und Kindergarten ein. Sie erklärt wichtige Begriffe und zeigt, wie zeitsparend und zielorientiert man den Computer für die Büro- und Verwaltungsarbeit einsetzen kann. Darüber hinaus hat sie die wichtigsten Informationen im Hinblick auf die Internetnutzung zusammengestellt und bietet sowohl notwendige Erläuterungen für ein Grundverständnis als auch vielfältige Anregungen für die praktische Umsetzung an. Im letzten Teil des Heftes stellt Jutta Eichhorn ein spannendes Internet-Projekt vor, bei dem sich ErzieherInnen zusammen mit den Kindern kreativ und selbst gestaltet Schritt für Schritt die vielfältigen Möglichkeiten des Internets erschließen können. Dabei werden beide zu Lernenden und Forschenden. Simone M. wäre nicht nur erleichtert – sie wäre begeistert!

Wir hoffen, Sie sind es auch, und wünschen mit den Autorinnen, dass Ihnen dieses Heft den Weg in die Computer- und Internetwelt ebnet!

Ihre Redaktion
‚kindergarten heute'

Die Autorinnen dieses Heftes

Uschi Wiese-Fiedler, geb. 1957, ist Erzieherin und Dipl.-Sozialpädagogin und seit 1988 freiberuflich als Referentin zu verschiedenen Themenbereichen (Pädagogik und Kommunikation) tätig. Darüber hinaus arbeitet sie in der Fortbildung für ErzieherInnen und bietet Workshops im Kreativbereich an.

Jutta Eichhorn, geb. 1963, hat Pädagogik, Völkerkunde, Betriebswirtschaft und Soziologie studiert und ist seit über 20 Jahren in der interkulturellen Jugendarbeit tätig. Momentan liegt der Schwerpunkt ihrer Arbeit auf Projekten, die sich mit dem Thema des Mensch-Maschine-Verhältnisses schon im frühesten Kindheitsalter befassen.

Inhalt

Teil 1: Der Computer im Kindergarten

I. Welche Vorteile bietet die Arbeit mit dem Computer? 6
1. Hilfe beim Kampf gegen die Papierflut 6
2. Erleichterung der Verwaltungsaufgaben 6
3. Möglichkeiten der Textverarbeitung 8
a) Serienbriefe 8
b) Einladungen 8
c) Elternbriefe 10
d) Kindergartenzeitung 10
e) Aufnahmeinfo 11
f) Präsentationen 11

II. Grundausstattung für die Arbeit mit dem Computer 12
1. Hardware 12
2. Software 12

III. Tipps für die Arbeit mit Kindern 14
1. Kinder entdecken den Computer 14
2. Kriterien zur Auswahl von Computerspielen 15

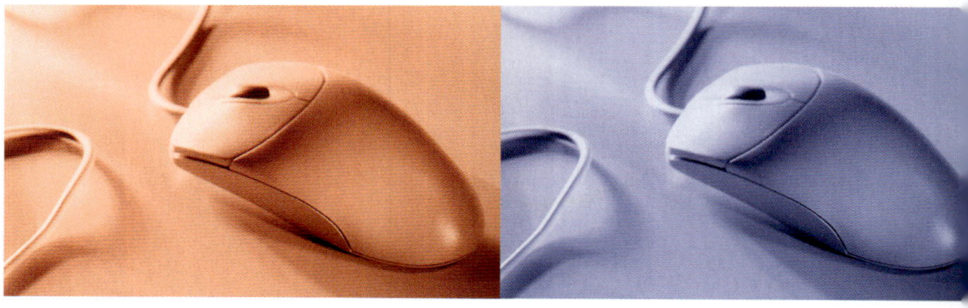

Teil 2: Internet im Kindergarten

IV.	**Was ist das Internet?**	**18**
1.	Internet – Eine moderne Form der Kommunikation	18
2.	Die wichtigsten Dienste des Internets	18
V.	**Wie komme ich ans Internet?**	**19**
1.	Was ich brauche, um das Internet zu nutzen	19
2.	Ohne Browser geht nichts!	19
3.	Wichtige Browser-Befehle (am Beispiel des Internet-Explorers)	20
VI.	**Was bietet das Internet für ErzieherInnen?**	**22**
1.	Information	22
	a) Surfen	22
	b) Gezielte Suche mit Suchmaschinen und Webkatalogen	24
2.	Kommunikation	25
	a) Kommunizieren via E-Mail	25
	b) Kommunizieren im Chat	26
3.	Einkaufen online	26
4.	Öffentlichkeitsarbeit – die eigene Website	27
5.	Intranet – Netzwerk von Gemeinde oder Träger	30
VII.	**Gefahren des Internets für Kinder**	**31**
VIII.	**Nutzung des Internets mit Kindern – Bausteine eines Online-Projektes** (Jutta Eichhorn)	**32**
1.	Die Welt – umspannt von einem großen Netz	33
2.	Wir surfen durch das Netz	35
3.	Wo man im Computer zu Hause ist – My homepage is my castle!	38
4.	Die Post kommt über das Internet	40
5.	Internetfest	42
6.	Weitere Ideen und mögliche Projektbausteine	42
	Literatur/Impressum	**44**

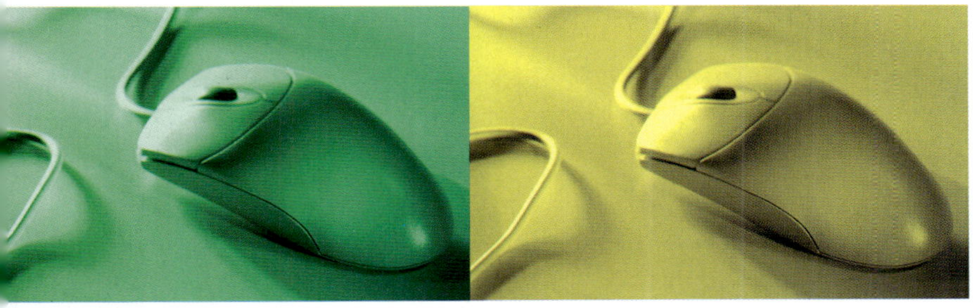

Teil 1: Der Computer im Kindergarten

F9
F10
F11
F12
F13
F14
F15
pause
aide
num lock
caps lock
scroll lock

I. Welche Vorteile bietet die Arbeit mit dem Computer?

1. Hilfe beim Kampf gegen die Papierflut

„... geknickt, gelocht und in Aktenordnern abgelegt, türmt sich Wissen und Erfahrung in den Regalen!" Dies trifft natürlich auch auf das Büro eines Kindergartens zu. Über viele Jahre hinweg werden Besprechungsprotokolle, Rahmenpläne, Ideensammlungen und Einladungen längst durchgeführter Elternabende aufbewahrt. In Aktenordnern nach Themen sortiert überdauern diese Dokumente ganze Teams. Aber: Nicht alles, was da aufbewahrt wird, ist wirklich wichtig! Hier bietet der Computer eine wunderbare Möglichkeit, Wichtiges zu archivieren, zu sortieren und bei Bedarf zur Verfügung zu stellen. Auch die am PC erstellten Ordner und Dateien müssen natürlich von Zeit zu Zeit gesichtet, überarbeitet oder gelöscht werden – Aufräumen passiert hier jedoch bequem am Bildschirm. Daten können nicht nur auf der Festplatte gespeichert werden, es ist auch möglich, Ordner zu bestimmten Themen, die nicht ständig gebraucht werden, auf Diskette oder CD-ROM zu speichern und platzsparend aufzubewahren.

Dokument
Sofort nach dem Start eines Textverarbeitungsprogramms (z. B. Word 2000), wird das erste leere Dokument gezeigt. Sie können ohne weitere Vorbereitungen einen Text eingeben, den Sie später bearbeiten, gestalten und abspeichern.

2. Erleichterung der Verwaltungsaufgaben

Die Verwaltungsaufgaben einer Einrichtung sind – je nach Größe – eine komplexe Anforderung, die einen erheblichen Zeitaufwand erfordert. Mit geeigneten Programmen (Software) lassen sich Arbeitsprozesse nicht nur vereinfachen, sondern auch in kürzerer Zeit bewältigen. Verschiedene Programme, die für die Erledigung üblicher Büroaufgaben hilfreich sind, werden als „Office-Paket" angeboten. Meist gehört die notwendige Software bereits zur Grundausstattung eines Computers. Im Office-Paket von Microsoft befinden sich beispielsweise folgende Programme:

- Word (Textverarbeitungsprogramm)
- Excel (Tabellenkalkulation)
- Power-Point (Präsentation)
- Access (Datenbank)
- Outlook (Termin- und Adressverwaltung)
- Frontpage (Homepage-Erstellung)

Software
Programme für bestimmte Aufgaben, die auf einem Rechner ausgeführt werden. Angefangen vom Betriebssystem über Textverarbeitung und Grafikprogramm bis hin zum Internet-Browser.

Datenverwaltung

Jeder Kindergarten, jede KiTa ist ein komplexes System, in dem im Laufe der Zeit große Datenmengen zusammengetragen werden. Eine optimale Aufbereitung, übersichtliche Datenstrukturen und eine klare Gestaltung der Datenwege sind unverzichtbar.

Nicht nur die Adresslisten der Eltern und MitarbeiterInnen, die Anwesenheitslisten der Kinder oder auch die Gestaltung der Dienstpläne erfordern das Erstellen von Tabellen.
Die Ein- und Ausgabenrechnung der einzelnen Gruppen bzw. des gesamten Kindergartenhaushalts muss sorgfältig geführt, Telefonverzeichnisse von Kooperationseinrichtungen müssen angelegt und immer wieder überarbeitet werden.

Tabellenkalkulationsprogramme

Am Computer lassen sich Datensätze mit Hilfe von Tabellenkalkulationsprogrammen einfach und übersichtlich erstellen und pflegen, einmal eingegebene „Masken" (vergleichbar mit Karteikarten) können immer wieder verwendet und müssen nicht jedes Mal neu angelegt werden. Die Daten werden in die vorbereitete Tabelle (Maske) eingegeben. So z. B. Name, Geburtsdatum, Gruppenzugehörigkeit, Adresse und Telefonnummer der Kinder.
Es entstehen Datensätze, die sich vielseitig verwenden lassen. Bei der Tabellenkalkulation werden die Daten waagerecht in Zeilen und senkrecht in Spalten eingetragen, dann kann das Programm automatisch Quersummen errechnen. Informationen können laufend abgerufen werden, nicht erst am Ende eines Monats, wenn man – wie früher – per Hand und Kopf die Endabrechnung erledigt hat. Ein Minimum an Basiswissen ist für das Arbeiten mit diesen Programmen (z. B. Excel oder Staroffice) notwendig, sie verfügen aber in der Regel über gute Hilfeprogramme und vieles erklärt sich beim Ausprobieren auch von selbst.

Tabellenkalkulation
Programm, mit dem sich große Mengen von Zahlen übersichtlich darstellen und durch Formeln miteinander verknüpfen lassen, um Berechnungen auszuführen. Bekanntester Vertreter: Microsoft Excel.

Datenbank
Hilfsmittel (Programm) zur Verwaltung großer Datenmengen. Der Datenbestand kann bequem durchsucht oder auch mit anderen Anwendungen (z. B. Rechnungswesen) verknüpft werden.

Spezielle Kindergarten-Software

Mittlerweile sind auch spezielle Programme erhältlich, die ideale Lösungen für die Erledigung von typischen Verwaltungsaufgaben in Kindertageseinrichtungen bieten (so z. B. *www.kita-programm.de*). Erkundigen Sie sich, mit welchen Programmen andere Einrichtungen arbeiten, und fordern Sie eventuell Demo-Versionen verschiedener Programme an. Ob Sie nun mit den Office-Programmen von Microsoft oder mit spezieller Kindergarten-Software arbeiten: Alle Programme erleichtern das Anlegen von Listen, Formularen, Anträgen oder Karteikarten.

Zusammenfassung

Hier noch einmal die wichtigsten Aufgaben im Kindergartenbüro, die mit Hilfe des Computers erledigt werden können:

- Erstellen von Aufnahmeanträgen, Unfallmeldungen, Wartelisten und sonstigen Verträgen
- Erstellen von Anwesenheits-, Abhol-, Essens-, Geburtstags- oder Einschulungslisten
- Erfassen von Mitarbeiterdaten (Stammdaten, Anwesenheits- und Urlaubszeiten, Überstunden, besuchte Fortbildungen usw.)
- Erfassen von Gruppendaten (Zusammensetzung, Raumbelegung usw.) und von Daten der Kinder
- Dokumentverwaltung, Serienbriefgestaltung, Vorlagen für Einladungen, Elternbriefe, Handzettel, Kindergartenzeitung oder Anträge
- Buchhaltung, Abrechnung, Kassenbuch
- Inventarverwaltung
- Sonstiges: Adressen von Lieferanten, Verlagen, Kooperationspartnern, Krankenhäusern, Ärzten usw.; Ideensammlungen für die pädagogische Arbeit; Richtlinien, Gesetzestexte

3. Möglichkeiten der Textverarbeitung

Der Computer ermöglicht nicht nur ein zügiges Erledigen der anfallenden Schreibarbeiten, sondern ist auch eine große Hilfe beim Gestalten von Einladungen oder der Kindergartenzeitung.
Die wichtigsten Anwendungsmöglichkeiten im Bereich Textverarbeitung werden im Folgenden vorgestellt.

Textverarbeitung
Programm zum Schreiben, Bearbeiten und Gestalten von Texten (z. B. Microsoft Word).

a) Serienbriefe

Alle Dokumente (Briefe, Informationsschreiben usw.), die nicht nur an eine, sondern an eine Reihe von Personen geschickt werden sollen, fallen unter die Kategorie „Seriendruck“. Der Serienbrief besteht aus drei Teilen: Der normale Brieftext (der für alle Empfänger identisch ist) wird bei Word 2000 als „Hauptdokument“ bezeichnet. In dieses Hauptdokument werden „Serienbrieffelder“ eingefügt; in diese können dann – per Verknüpfung mit der Datenquelle – die Namen und Adressen der verschiedenen Empfänger eingetragen werden. Die Datenquelle kann eine Word-Tabelle, eine Kalkulationstabelle (z. B. Excel 2000) oder eine Datenbank (z. B. Access 2000) sein. Sie können die Datenquelle, sofern Sie noch keine haben, über den Seriendruckmanager erstellen. Sie können außerdem den Kreis der Empfänger über verschiedene Kriterien wie Geschlecht, Alter etc. einschränken; die Filterung Ihrer Daten erfolgt über „Abfrageoptionen“. Nachdem Sie das Hauptdokument und die Datenquelle zusammengeführt haben, erscheinen auf dem Bildschirm alle Serienbriefe in einem Dokument. Jetzt können Sie das gesamte Dokument mit allen Briefen ausdrucken („Datei drucken“).

b) Einladungen

Eine Einladung zu einem Fest oder einem Elternabend wird mit Hilfe eines Textverarbeitungsprogramms am Bildschirm gestaltet. Hier kann das Papierformat bestimmt werden, die Schriftart und -größe, die Anordnung des Textes usw. Auch können Grafiken eingefügt werden, die über einen Scanner (vgl. S. 12) eingelesen werden (das können Fotos von Kindern, gemalte Bilder oder sonstige zum Thema passende Abbildungen sein). Die Einladung kann immer wieder verändert werden; möchte ich beispielsweise den Text im nächsten Jahr noch einmal verwenden, kann ich ihn an die aktuelle Situation anpassen: Textbausteine können gelöscht, andere hinzugefügt werden. Anschließend können die Dokumente (Einladungen) so oft gedruckt werden wie nötig. Den Gang zum Copyshop kann man sich also sparen!

Beispiel: Das Gestalten einer Einladung zum Elternabend

Rahmen hinzufügen (z. B. mit einem Grafikprogramm wie Corel Draw oder Picture it!): Der Rahmen kann aus verschiedenen Farben (sofern Farbdrucker vorhanden) und Formen ausgewählt werden: pastellfarben oder knallig, nüchtern oder verspielt. Sie können bestimmen, ob er breit oder schmal sein soll, rund, quadratisch oder rechteckig.

Text: Hier bestimmen Sie, welche Schriftart und Schriftgröße Sie für das Dokument auswählen wollen. Word 2000 beinhaltet z. B. WordArt, ein kleines Grafikprogramm, das viele Gestaltungsmöglichkeiten zulässt. Besondere Effekte wie gebogene Schrift können bei einer Überschrift sehr ansprechend wirken. Für den Fließtext wählen Sie eher eine unauffällige, leicht lesbare Schrift (z. B. Arial, Times New Roman, Garamond). Für einladende Zitate oder Verse kann die Gestaltung auffälliger sein, Ihr Anliegen „springt ins Auge", macht neugierig. Benutzen Sie nicht mehr als zwei verschiedene Schriftarten, sonst wirkt das Dokument schnell unübersichtlich.

Hier einige Beispiele:

Garamond, Größe 36, fett, Farbe und Form über WordArt formatiert

Arial, Größe 36, Farbe und Form über WordArt formatiert

Ein Elternabend zum Thema

Garamond, Größe 20, fett, über WordArt formatiert

Lasst uns Kinder Kinder sein,
mischt Euch doch nicht immer ein!

Garamond Bold, Größe 16, zentriert

Grafik einfügen: Suchen Sie ein passendes Bild, Foto oder eine Grafik aus einer CD-ROM-Grafiksammlung (im Handel erhältlich) aus und fügen Sie diese in Ihr Dokument ein. Die Grafik kann natürlich auch mit einem Scanner eingelesen und anschließend mit einem Grafikprogramm (z. B. Corel Draw oder Picture it!) bearbeitet und verändert werden. Sie können dabei die Bildgröße und den Bildausschnitt bestimmen oder auch die Helligkeit und den Kontrast verändern.
Hier einige Beispiele aus dem Katalog des WordArt-Programms:

Schneemann

Hausschuhe

Herbstblätter

Kaffeetasse

Ausrichtung: Schreiben Sie zunächst den Text. Jetzt können Sie experimentieren: Wie soll der Text auf der Seite erscheinen? Sie werden staunen, wie unterschiedlich der Gesamteindruck des Dokuments sein kann. Hier das Beispiel einer Einladung zu einem Elternabend mit dem Thema „Mit Kindern Stille erleben":

Es ist nicht wenig Zeit,
was wir haben,
sondern es ist viel,
was wir nicht nutzen!

(Zentrierte Anordnung des Textes; vor allem bei Versen und Sprüchen sinnvoll)

An diesem Abend möchten wir Sie recht herzlich zu einem besinnlichen Beisammensein einladen. Wir wollen miteinander ins Gespräch kommen und Ideen sammeln, wie wir gemeinsam mit den Kindern beschauliche Momente und entspannende „Oasen" im Alltag schaffen können.
(Blocksatz)

In unserer hektischen Zeit wird mancher (und auch manches Kind!) ganz hektisch, unruhig oder unausgeglichen.
(Die „normale", aber optisch nicht immer ansprechendste Variante: linksbündiger Schriftsatz)

Die Sinne unserer Kinder sind in der heutigen Zeit oftmals sehr beansprucht: Überall gibt es Vieles und Buntes zu sehen, eine ständige Geräusch- oder Musikkulisse ist für die Kinder schon ganz normal.
(Der rechtsbündige Schriftsatz ist dann geeignet, wenn Sie auf der linken Seite des Blattes noch eine Grafik einfügen möchten)

Fertigstellen der Einladung: Text und Grafik, die auf der Vorderseite der Einladung stehen sollen, müssen auf einem Dokument im Querformat rechts angeordnet werden. Beim Gestalten der Innenseite wird der Text ebenfalls auf der rechten Seite angeordnet. So kann später ein Din-A-4 Blatt Papier von beiden Seiten bedruckt werden. Nach einmaligem Falten ist die Einladung fertig. Dies ist nur ein einfaches Beispiel, und dem Ausprobieren am Bildschirm sind kaum Grenzen gesetzt. Auch das Textverarbeitungsprogramm Word 2000 bietet die Möglichkeit der Grafikgestaltung, es ist also nicht unbedingt ein spezielles Programm nötig. Die hier dargestellten Möglichkeiten sind auch für alle anderen Dokumente einsetzbar (Elternbriefe, Kindergartenzeitung usw.).

Einladung

... ein Abend für Eltern und Erzieherinnen...

Wissen wir Erwachsenen eigentlich noch, wie es klingt, wenn der Wind durch die Bäume streicht oder wie die Regentropfen ans Fenster trommeln?

„Mit Kindern Stille erleben"
Ideen für ein spielerisches, besinnliches Miteinander

Am Montag, den 19. November
Im Kindergarten in der Wagnerstraße/Neuhausen
Beginn 20 Uhr

c) Elternbriefe

Um die Zusammenarbeit zwischen Eltern und Kindergarten möglichst optimal zu gestalten, ist es sinnvoll, den Eltern in regelmäßigen Abständen so genannte „Elternbriefe" zukommen zu lassen, die über wichtige Termine, Schließ- und Ferientage, laufende Projekte, aktuelle Themen oder Organisatorisches informieren. Für die Gestaltung der Elternbriefe gelten die gleichen Vorteile wie für die Gestaltung von Einladungen. Auch Eltern haben Anspruch auf ansprechend gestaltete Schriftstücke. Ein klar strukturierter Elternbrief mit farbigen und/oder grafischen Elementen lädt eher zum Lesen ein als ein schlecht kopiertes Schriftstück. Achten Sie darauf, dass der Elternbrief Wiedererkennungscharakter hat. So könnte die Überschrift immer mit der gleichen Schrift und dem gleichen „Logo" gestaltet werden. Dazu bietet WordArt eine Fülle von Möglichkeiten.

d) Kindergartenzeitung

Mit Hilfe einer Kindergartenzeitung sollen Eltern und Interessierte mit Informationen und Neuigkeiten aus dem Kindergartenalltag „versorgt" werden. Das Geschehen in der Einrichtung wird auf unterhaltsame Art und Weise dokumentiert, Wichtiges kann regelmäßig mitgeteilt werden. Viele Kindergärten bringen mehrmals im Jahr eine solche Zeitung heraus und wissen, mit wie viel Arbeit dies verbunden ist. Bei der Gestaltung einer Kindergartenzeitung können alle Vorteile eines Textverarbeitungsprogramms genutzt werden. Eine perfekte Zeitung muss es nicht werden, aber wir können uns einiges von den im Handel erhältlichen Familienzeitschriften abschauen. Auch im Internet (suchen Sie unter dem Suchbegriff „Kindergartenzeitung") finden Sie viele Anregungen, auch für den Namen Ihrer Zeitung. Die folgenden Vorschläge wurden mit WordArt formatiert. Probieren sie einfach verschiedene Schriften, Farben und Formen aus!

Zauberpost

Arial Black

Kindergarten-News

Chiller

kids-paper

Arial Rounded MT Bold

Die grafische Gestaltung der Kiga-Zeitung kann am PC mit Hilfe des Textverarbeitungs- und eines entsprechenden Grafikprogramms recht professionell gehandhabt werden. Es ist kein Ausschneiden, Zusammenkleben und Kopieren von Text- und Bildbausteinen mehr nötig. Einmal am Bildschirm konzipiert hat die Zeitung ein gleich bleibendes Layout. Die Struktur kann über immer wiederkehrende Seiten festgelegt werden. Überschriften der regelmäßigen Beiträge könnten sein:

Aktuelle Projekte: Besondere, neue Projektideen werden vorgestellt, laufende Projekte dokumentiert.

Das war toll: Begebenheiten aus dem Kindergartenalltag, an die wir uns gerne erinnern, werden beschrieben.

Das geht uns alle an: Interessante pädagogische Themen können für die Eltern aufbereitet werden. Bei Microsoft Word können Sie mit WordArt Grafiken einfügen oder anhand des Vorlagekatalogs selbst Schriftbilder entwerfen. Hier z. B. ein Ausrufezeichen, das Sie bei wichtigen Themen verwenden können.

Feste und Feiern: Hier können geplante Aktivitäten bekannt gegeben oder aber auch Fotos, Bilder und kleine Erfahrungsberichte von gemeinsam erlebten Festen abgedruckt werden. Hier ein Beispiel für Faschingsaktivitäten aus dem WordArt-Katalog:

Elternseite: Eltern können an der Gestaltung der Kiga-Zeitung beteiligt werden: Sie können Wünsche oder Fragen formulieren, Aktuelles von Seiten der Eltern bekannt geben usw.

Kinderseite: Hier sollen die Kinder zu Wort kommen; das kann auch in Form von Bildern oder Fotos geschehen.

Neu!

Neu: Alles, was neu ist, von organisatorischen Umstrukturierungen bis zu neu angeschafften Möbeln oder Spielmaterialien, kann hier vorgestellt werden.

Der Vorteil der Erstellung am PC liegt vor allem darin, dass Sie das Grundlayout Ihrer Zeitung einmalig festlegen und speichern. Alle Änderungen, die sich für eine neue Ausgabe ergeben, können auf dieser Grundlage gemacht werden. Was immer gleich bleibt, wären z. B.

- **Grafische Gestaltung** der einzelnen Seiten und vor allem des Deckblattes (Hintergrund, Logo, immer wiederkehrende Bilder, die sofort erkennen lassen, was die Seite behandelt. Das kann z. B. ein von den Kindern gemaltes Kind sein, das immer auf der „Kinderseite“ auftaucht.)
- **Schriftarten** (Haben Sie sich einmal für ein oder zwei Schrifttypen entschieden, benutzen Sie diese immer wieder.)
- **Schriftfarben** (Sie können z. B. die Überschriften der einzelnen Seiten verschieden farbig gestalten.)
- **Seitenlayout** (Sie bestimmen die Breite der Seitenränder, die Ausrichtung des Textes, die Abstände zwischen den Zeilen, Hervorhebung von Überschriften usw. und speichern diese Einstellungen ab.)

Haben Sie eine Kindergartenzeitung fertig gestellt, speichern Sie diese unter einer Überschrift (z. B. Kigazeitung 1/02) in einem Ordner ab, den Sie dafür angelegt haben. Dieser Ordner kann „Kigazeitung“ heißen und beinhaltet alle bisherigen Ausgaben. Wenn Sie eine neue Zeitung erstellen wollen, laden Sie eine bereits bestehende Datei und löschen die Passagen aus dem Text, die Sie für die neue Ausgabe nicht mehr brauchen. Überschriften bleiben stehen, und Sie fügen den neuen Text einfach ein. Anschließend speichern Sie das Dokument unter neuem Namen ab. Die endgültige Fertigstellung der Zeitung sollte im Team erfolgen. Anhand eines Probeexemplars lassen sich letzte Feinheiten ergänzen und offene Fragen klären.

e) Aufnahmeinfo

Hier stehen wir vor der Aufgabe, ein Schriftstück zu erstellen, das nicht zuletzt ein Aushängeschild für die Einrichtung ist! Pädagogische Konzeption, Lage und Größe des Kindergartens, Öffnungszeiten, Räumlichkeiten, Gruppengröße, Personalausstattung, Zusammenarbeit mit den Eltern, Besonderheiten wie regelmäßige Projekte – in der Aufnahmeinfo stellt sich der Kindergarten kurz und zugleich informativ vor. Wählen Sie hierzu eine gut lesbare Schrift, jede „Verschnörkelung“ ist hier fehl am Platz. Benutzen Sie nur eine Schriftart, so entsteht kein optisches Durcheinander. Schrift und Gestaltung sollen nicht vom Inhalt ablenken! Gliedern Sie die Info übersichtlich – Überschriften werden am besten fett hervorgehoben, so dass man beim schnellen Durchgehen sofort das Thema findet, das man gerade sucht.

f) Präsentationen

Im Bereich Öffentlichkeitsarbeit ist eine optisch anprechende Gestaltung unerlässlich. Wollen Sie z. B. ein durchgeführtes Projekt dokumentieren und der Öffentlichkeit präsentieren (vielleicht in Form einer Ausstellung), bietet es sich an, auf Stellwänden mit am Computer erstellten Textbausteinen den Verlauf des Projektes zu erläutern. Hier zwei Beispiele für eine (eventuell wöchentlich) wechselnde Stellwand im Eingangsbereich:

Was wir letzte Woche gemacht haben...

(Kristen ITC)

Bei uns war was los!

(Comic Sans MS)

Unter dem jeweiligen Motto können nun wechselnde Überschriften auf bestimmte Aktivitäten hinweisen. Diese werden mit Bildern oder Bastelarbeiten der Kinder, mit Fotos oder sonstigem Bildmaterial präsentiert. Die bunten Infowände werden von den Eltern in der Regel begrüßt, da sie Anlass zu Gesprächen geben und die Eltern in den Kindergartenalltag mit einbeziehen. Auch bei Festen in der Gemeinde kann die Gelegenheit ergriffen werden, den Kindergarten und seine unterschiedlichen Aktivitäten zu präsentieren. Gestalten Sie Stellwände, Informationstische oder Schaukästen mit Hilfe des Computers. Je professioneller die Gestaltung, desto mehr „Hingucker“ werden Sie anziehen!

II. Grundausstattung für die Arbeit mit dem Computer

1. Hardware

Hardware beschreibt alle Bestandteile eines Computers, also alles, was man sehen, anfassen (oder auch verschrotten) kann. Was müssen Sie wissen, wenn Sie vor der Anschaffung eines Computers stehen? Die wichtigsten PC-Komponenten sind das Computergehäuse mit CD-ROM-Laufwerk, die Tastatur und die Maus. Üblich sind heute Komplettsysteme, die alles beinhalten, was zum bequemen Arbeiten nötig ist.
Orientieren Sie sich beim Neukauf an folgenden Daten:

- 1,7 Megahertz Pentium 4 Prozessor
- Festplatte 60 GB
- Grafikkarte (Bauteil im Computer, das dafür sorgt, dass auf dem Monitor ein Bild erscheint. Elektronische Daten werden von der Grafikkarte in Bildinformationen umgesetzt.)
- DVD-Laufwerk (oder ein einfaches CD-ROM-Laufwerk)
- Hauptspeicher 256 MB
- Monitor: mindestens 17 Zoll
- Software (MS Windows Millenium, Worksuite 2001)
- Preis: ca. 1000 Euro

Betriebssystem
Das Betriebssystem ist das erste Programm (bzw. ein ganzes Paket von Programmen), das startet, wenn der Computer eingeschaltet wird. Wenn es läuft, können die einzelnen Programme wie Textverarbeitung, Grafik, Kalkulation usw. gestartet werden. Das Betriebssystem verwaltet u. a. auch die Steuerung des Druckers. Das Betriebssystem von Microsoft heißt Windows (z. B. 95, 98, Millenium). Beim Neukauf eines PCs erhält man in der Regel auch die aktuelle Windows-Version.

Soundkarte

Um Musik und Töne hören zu können, sollte auch eine Soundkarte vorhanden sein. Das ist eine im Computer installierte Steckkarte, die u. a. den Anschluss von Lautsprechern zur Tonwiedergabe erlaubt. Moderne Soundkarten geben den vom Computer erzeugten Ton stereophon in CD-Qualität wieder. Es ist z. B. möglich, Kinderlieder aus dem Internet herunterzuladen, die im so genannten MP3-Format gespeichert werden.

Scanner

Ebenso ist es von Vorteil, einen Scanner anzuschließen. Das ist ein Eingabegerät, mit dem Bilder, Texte oder dreidimensionale Objekte per Lichtstrahl abgetastet und in digitale Bildinformationen umgewandelt werden. Diese werden an den Computer weitergeleitet und können dort als Bilddatei abgespeichert und weiterverarbeitet werden. So können Fotos oder Zeichnungen von Kindern eingescannt werden, die dann z. B. bei der Gestaltung einer Kindergartenzeitung eingefügt werden.

2. Software

Wie bereits erläutert bekommen Sie beim Kauf eines kompletten Systems die entsprechende Software mit dazu. So bieten z. B. MS Windows Millenium und Worksuite 2001 bereits alles, was Sie zum Arbeiten brauchen. Spezielle Software für den Kindergar-

ten hat den Vorteil, dass die Benutzeroberfläche genau auf den Betrieb „Kindergarten“ zugeschnitten ist. Die benötigten „Bausteine für die moderne Kindergartenverwaltung“ werden beispielsweise bei „KigaPro“ sehr anschaulich und selbst erklärend gestaltet. Sie können unter der Internetadresse *www.KigaPro.de* eine kostenlose Demoversion auf Ihren Rechner laden und erst einmal ausprobieren, was das Programm bietet. Ein weiteres Programm namens SAFINA bietet folgende Vorzüge: „Verwaltung der Stammdaten inklusive Foto, abholberechtigte Personen, Fehlzeiten, medizinische Indikationen wie Impfungen, Allergien und chronische Erkrankungen. Die Erstellung der Rechnungen kann sowohl in den einzelnen Häusern als auch von einer zentralen Verwaltung aus erfolgen. Ein weiteres Highlight stellt die integrierte Dokumentenverwaltung dar. Jeglicher Schriftwechsel bzw. eines Kindes kann in direktem Bezug zum Kind abgelegt und wieder aufgerufen werden“.
Informieren Sie sich im Internet, dort können Sie unter dem Suchbegriff „Kindergartensoftware“ einige interessante Angebote sichten!

III. Tipps für die Arbeit mit Kindern

1. Kinder entdecken den Computer

Kinder nehmen Anteil an dem, was wir Erwachsenen tun. Sie folgen uns in die Putzkammer, ins Büro oder in die Küche und fragen, was wir da machen. Dieses Interesse der Kinder sollten Sie auch im Hinblick auf den Computer aufgreifen. Allen Kindern ist der PC schon einmal irgendwo begegnet, wenn ihnen auch im Kindergarten selten Computer zur Verfügung gestellt werden. Der PC im Büro ist jedenfalls meist vorhanden und hier kann den Kindern der sinnvolle Einsatz des Computers als Arbeitsinstrument vorgelebt und vermittelt werden.

Nehmen Sie die Kinder mit ins Büro, lassen Sie sie zuschauen, fragen und – das ist wichtig – auch ausprobieren! Mit Hilfe einfacher Malprogramme können sie lernen, mit der Maus umzugehen. Dies erfordert manuelle Geschicklichkeit und es macht Spaß zu sehen, wie am Bildschirm bunte Bilder entstehen. Diese können anschließend ausgedruckt werden. Begleiten Sie die Kinder in verschiedenen Situationen am Computer und zeigen Sie ihnen, welche Arbeiten damit erledigt werden können.

Edutainment
Setzt sich aus den Begriffen „education" (Erziehung/Bildung) und „entertainment" (Unterhaltung) zusammen und bezeichnet in der Regel Lernsoftware, also Computerprogramme, die durch eine unterhaltsame Darstellung von Lerninhalten zum Spielen und Lernen anregen.

Ein Computer-Projekt

Der gezielte Einsatz des PCs im Kindergarten – etwa im Rahmen eines Projektes – soll den Computer „entzaubern" und den Kindern zeigen, dass er ein ganz normales Arbeitsgerät ist. Überlegen Sie, welche Ziele mit einem solchen Projekt verfolgt werden sollen, so zum Beispiel:

Kennenlernen des Computers:

- Die verschiedenen Teile betrachten, benennen, anfassen;
- prüfen, wie viele Kabel und Stecker es gibt;
- verfolgen, wo die Kabel hingehen.
- Man braucht Strom wie beim Kassettenrekorder.
- Es gibt Knöpfe zum Ein- und Ausschalten.
- Es gibt „Schlitze" im Rechner, in die man die CD-ROMs oder Disketten hineinschieben kann, usw.

Mit der Maus umgehen:

- Wenn ich richtig mit der Maus umgehe, kann ich bestimmen, was der Computer tun soll.
- Ich kann den „Cursor" oder „Pfeil" auf dem Bildschirm hin- und herbewegen.
- Ich kann ein Bild anklicken, dann verändert sich auf dem Bildschirm etwas und wir sehen eventuell neue Bilder.
- Die Maus liegt auf einem „Mousepad", wo sie sich leicht bewegen lässt und vor Verschmutzung geschützt ist usw.

Kinder sollten Medien aktiv nutzen dürfen, nicht nur konsumieren!
... erforschen
... ausprobieren
... gestalten
... verändern

Die Eltern müssen vorab an einem Elternabend über das Projekt informiert werden; vielleicht können sie auch in Form von Ideen und Tipps einiges beitragen. Ebenso sinnvoll ist es, Erfahrungsberichte anderer Einrichtungen einzuholen. Auf diese Weise können nicht nur wichtige Informationen gesammelt, sondern auch „klassische" Fehler vermieden werden. Dokumentieren Sie den Verlauf des Projekts. Wenn Sie dies zusätzlich auf Ihrer Website tun, haben andere ErzieherInnen auch etwas davon!

2. Kriterien zur Auswahl von Computerspielen

Das Angebot an Computerspielen, auch für Vorschulkinder, ist groß. Sie können sich zwar an den Altersangaben orientieren, aber Spiele, die ab einer bestimmten Altersklasse zugelassen sind, müssen noch lange nicht pädagogisch sinnvoll sein. Den Altersangaben können wir im günstigsten Fall entnehmen, dass ein Kind im entsprechenden Alter keinen Schaden nimmt, wenn es damit spielt. An folgenden Kriterien können Sie sich bei der Auswahl orientieren:

- Das Spiel sollte einfach zu bedienen sein, das bedeutet: selbst erklärend, leicht verständlich. Die Symbole sollten anzeigen, was beim Anklicken in etwa passieren wird.
- Das Spiel sollte grafisch übersichtlich sein, also nicht zu viele Bilder anbieten. Die Grafiken sollten kindgerecht sein, an die Erfahrungswelt der Kinder anknüpfen. Die Figuren sollten Wiedererkennungswert haben und zur Identifikation einladen. Kinder lieben starke visuelle Reize; zu schneller Bildwechsel oder zu viele Reize überfordern jedoch eher.
- Das Spiel sollte vielfältige Aufgaben enthalten. Logisches Verknüpfen, Kombinationsfähigkeit und sprachliche Fähigkeiten sollten genauso gefordert werden wie Reaktionsschnelligkeit. Wichtig ist auch, dass das Spiel an die Fähigkeiten der Kinder anknüpft. Es muss ihnen genügend Zeit geben, zu reagieren. Der Spielverlauf sollte das Kind nicht überfordern.
- Das Spiel sollte die Beteiligung mehrerer Spieler zulassen.
- Und natürlich: Spielinhalte und die entsprechenden Figuren und Grafiken dürfen nicht gewaltverherrlichend, rassistisch oder pornografisch sein!

Tipp:
Kriterien zur Auswahl von Computerspielen finden Sie im Internet, z. B. unter *www.medienrat.ch* oder *www.jugendschutz.net*

Teil 2: Internet im Kindergarten

IV. Was ist das Internet?

1. Internet – eine moderne Form der Kommunikation

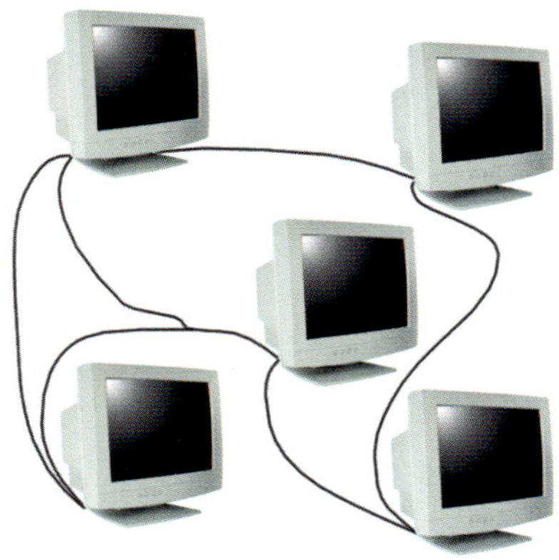

Das Internet ist ein globales Computernetzwerk. Netzwerke verbinden – Computer, Institutionen, Länder, Menschen. Der Begriff Internet ist eine Kurzform von „International Network" und bezeichnet ein weltweites Datennetz, das sich aus vielen kleineren lokalen Netzen zusammensetzt. Die Ursprünge des Internets gehen in die 60er-Jahre zurück, als das amerikanische Verteidigungsministerium ein Netzwerk von Computern entwickelte, in dem alle Kommunikationspunkte unabhängig voneinander funktionierten, so dass es gegen Angriffe von außen geschützt war. Im Laufe der Jahre schlossen sich Universitäten, Behörden, Institutionen und große Firmen an das Netz an; es war nun nicht mehr auf Amerika beschränkt, sondern fand weltweite Verbreitung. Heute kann jede Privatperson mit Hilfe eines Providers den eigenen Computer per Modem oder ISDN-Karte mit dem Internet verbinden. Inzwischen nutzen mehr als 380 Millionen Menschen weltweit das Internet!

Infrastruktur und Einsatz

Die Abbildung zeigt die Infrastruktur des Internets. Die Datenautobahn, die wir bereisen können, besteht aus den einzelnen Telefonleitungen und Computern. Die Computer sind untereinander durch möglichst leistungsfähige Verbindungen verknüpft. Es gibt unendlich viele Einsatzmöglichkeiten für das Internet. Sie finden dort zu fast jedem Thema Informationen, Meinungen, Literaturhinweise und vieles mehr. Das Internet ist jedoch nicht gleichzusetzen mit dem World Wide Web (WWW), sondern ist der Oberbegriff für verschiedene Dienste, d. h. Anwendungen.

2. Die wichtigsten Dienste des Internets

Da es hier um Erstinformationen zum Thema Internet geht, sollen im Folgenden nur die beiden wichtigsten Dienste erläutert werden.

E-Mail: E-Mail ist der am häufigsten genutzte Dienst des Internets. Die elektronische Post ist die schnellste und kostengünstigste Form der Nachrichtenübermittlung. Es können Briefe und (angehängte) Dateien binnen Sekunden um die Welt geschickt werden.

WWW (World Wide Web): Dies ist der jüngste Internetdienst, der erst mit den 90er-Jahren aufkam. Erst das WWW verschaffte dem Internet den Durchbruch. Es ermöglicht das einfache Navigieren durch das Netz (surfen). Auf einer Webseite können Fotos, Grafiken, Videosequenzen und Töne zur Gestaltung genutzt werden. Erst der so genannte Browser macht allerdings eine Webseite zu dem, was wir sehen, denn er übersetzt die HTML-Sprache, in der die Seiten programmiert sind, in die für uns am Bildschirm sichtbare Darstellung.

Weitere Dienste des Internets, auf die hier jedoch nicht näher eingegangen werden soll, sind Newsgroups, Telnet, FTP und IRC.

V. Wie komme ich ans Internet?

1. Was ich brauche, um das Internet zu nutzen

Wenn ich mich entschlossen habe, mir einen Internetzugang einzurichten, brauche ich einen Provider. Provider wird ein Anbieter genannt, der den „Eintritt" ins Internet ermöglicht (z. B. AOL, T-Online). Der Computer des Providers ist an das Internet angeschlossen. Nachdem Sie sich also angemeldet haben, können Sie sich über Modem oder ISDN-Karte bei einem zentralen Rechner des Providers einwählen und das Internet nutzen. Hierfür fällt in der Regel ein monatlicher Pauschalbetrag (Grundgebühr) an, zeitabhängige Nutzungsgebühren kommen häufig hinzu.

Provider
Der Anbieter eines Internetzugangs.

Um dem Nutzer die ersten Schritte zu erleichtern, bieten viele Provider Software auf CD-ROM an, die das Einrichten des Internetzugangs am eigenen Rechner weitgehend automatisiert. An Telefongebühren fallen grundsätzlich nur die Verbindungskosten (meist Ortstarif) zum Provider an, unabhängig davon, ob man im Internet deutsche oder ausländische Seiten abruft.

Das brauchen Sie:

1. Computer-Grundausstattung (wie beschrieben)
2. Telefonleitung
3. Modem oder ISDN
4. Provider
5. Software für den Internetzugang

Modem und ISDN

Um das Internet nutzen zu können, muss ich entweder vor einem Computer sitzen, der direkten Zugang zum Internet hat (z. B. Computer eines Providers), oder aber ich stelle eine Telefonverbindung zwischen meinem Rechner und dem des Providers her. Ich brauche daher einen Telefonanschluss, der herkömmlich analog sein kann, oder aber einen modernen digitalen ISDN-Anschluss. Mit diesem können Sie das Internet schneller nutzen als mit einem Modem. Verfügen Sie über eine herkömmliche Telefonleitung, benötigen Sie ein Modem, damit Ihr Computer diese Leitung auch nutzen kann. Ein Modem tut im Grunde nichts anderes als ein Faxgerät, es übersetzt und befördert Daten. Modems gibt es in unterschiedlichen Geschwindigkeiten. Sie sollten sich – bei Neukauf – immer für das zur Zeit schnellste entscheiden, denn je schneller das Modem ist, desto schneller können die Informationen aus dem Internet abgerufen werden. Besitzen Sie einen ISDN-Anschluss, so benötigen Sie eine ISDN-Karte, die in den Computer eingebaut wird. Dieser wird dann mit der Telefonleitung verbunden.

Online
Beim Starten Ihres Internet Explorers öffnet sich auf dem Bildschirm ein Fenster "Verbinden mit...". Wenn Sie die Verbindung hergestellt haben, sind Sie "online". Ab diesem Zeitpunkt kostet die Nutzung des Internets Geld.

2. Ohne Browser geht nichts!

Um die Seiten im Internet anschauen zu können, brauchen Sie auf jeden Fall einen Browser. Browserprogramme ermöglichen erst die Darstellung der Web-Seiten. Sie werden gebraucht, um die Seiten im WWW lesen und problemlos navigieren zu können. Der Browser übersetzt dabei die in einem speziellen Code (z. B. HTML) verschlüsselten Seiten in eine graphische Darstellung.
Sie sollten darauf achten, dass Sie immer die aktuellste Version Ihres Browserprogramms benutzen, ansonsten können bestimmte Web-Sei-

ten nicht richtig angezeigt werden. Die Aktualisierungen für ältere Versionen (Updates), können aus dem Internet kostenlos heruntergeladen werden (Download). Das benötigte Browserprogramm samt der Installationsanleitung wird in der Regel vom Provider kostenlos zur Verfügung gestellt. Sie erhalten Browserprogramme aber auch auf CD-ROMs, die Computerzeitschriften beigefügt sind. Der am häufigsten genutzte Browser ist der „Microsoft Internet Explorer". Wenn Sie einen PC mit dem Betriebssystem Windows besitzen, ist dort auch der Internet Explorer mit installiert.

Browser
to browse = sich umsehen, stöbern, blättern.
Ein Programm (z. B. Internet Explorer), mit dem man sich im WWW bewegen und Webseiten betrachten kann.

3. Wichtige Browserbefehle (am Beispiel des Internet Explorers)

Adresse anwählen:

Im Eingabefeld erscheint zunächst die Adresse Ihrer Startseite. Das ist die Seite, die sich öffnet, wenn Sie die Verbindung zum Internet hergestellt haben; sie kann von Ihnen selbst bestimmt werden. Jetzt klicken Sie auf den Pfeil rechts neben dem Eingabefeld. Es erscheinen die Adressen der schon einmal besuchten Seiten, von denen Sie eine anklicken können. Möchten Sie eine neue Adresse anwählen, schreiben Sie diese in das Feld und klicken auf „Wechseln zu". Es kann passieren, dass auf einer angewählten Seite der Hinweis „Diese Seite kann nicht angezeigt werden" erscheint. Prüfen Sie, ob Sie die Adresse richtig geschrieben haben. Vielleicht steht die gewünschte Seite aber auch gerade nicht zur Verfügung. Probieren Sie es später noch einmal!

Startseite einrichten:

Wie bereits erwähnt können Sie Ihre Startseite selbst auswählen. Dies kann z. B. eine Seite sein, die Sie mit täglich wechselnden Informationen versorgt; die Startseite Ihres Providers bietet häufig eine solche Leistung. Sie können jedoch jede beliebige Seite (z. B. auch die Homepage Ihrer Einrichtung), zur Startseite machen. In der Menüleiste klicken Sie den Button „Extras" an, und es öffnet sich ein Fenster mit verschiedenen Optionen. Klicken Sie nun „Internetoptionen" an. Das sich öffnende Fenster gibt Ihnen die Möglichkeit, die Adresse

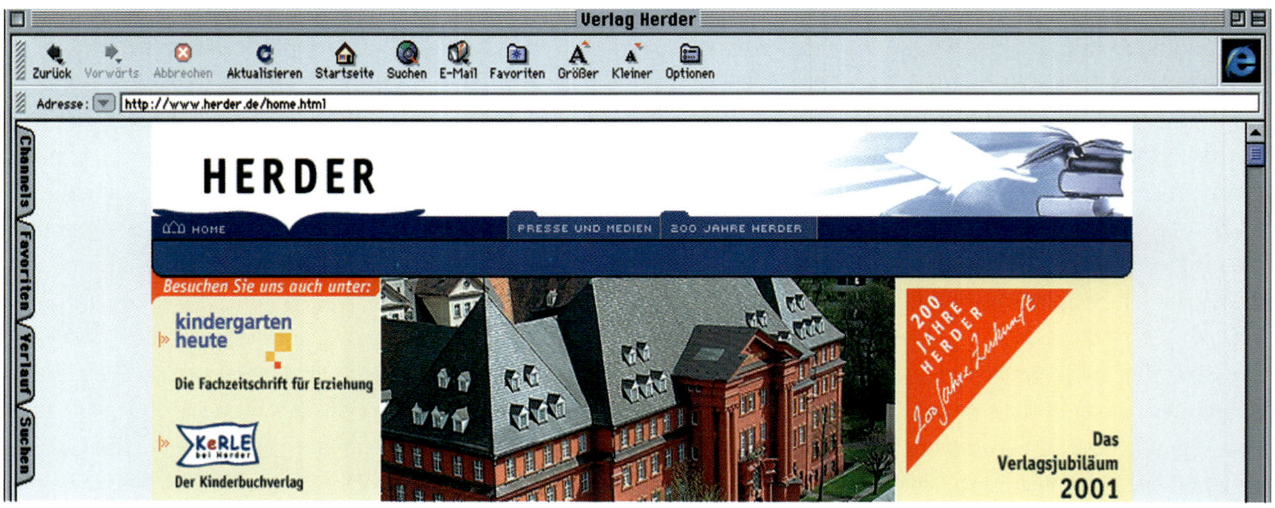

der gewünschten Startseite in das entsprechende Feld einzutragen. Sie können jedoch auch einfach auf den Button „Aktuelle Seite" klicken, dann wird die Seite, die Sie im Moment geöffnet haben, automatisch zur Startseite. Wenn Sie also das nächste Mal eine Verbindung zum Internet herstellen, erscheint zuerst diese Seite auf Ihrem Bildschirm.

Der Vorwärts- und Zurück-Button:
Durch Anklicken des „Zurück"-Buttons kommen Sie auf die Seite, die Sie zuvor besucht haben. Durch mehrfaches Klicken können Sie sich alle Seiten noch einmal anschauen, die bereits besucht wurden. Mit dem „Vorwärts"-Button können Sie wieder vorwärts blättern.

Button
„Knopf", „Schalter", „Berührungsfeld". Mit der Maus anklickbare Schaltfläche, oft im 3-D-Design, zum Auslösen von Aktionen

Beispiel für das Anlegen von sinnvollen Ordnern:

- **Kindergärten:** interessante Websites von Kindergärten
- **Einkauf:** Adressen von verschiedenen Online-Shops, bei denen Sie immer wieder Artikel bestellen möchten
- **Pädagogik:** interessante Seiten, die beruflichen Bezug haben, z. B.
  www.erzieherin.de
  www.erlebnispaedagogik.de
  www.erzieherin-online.de
  www.elternwelt.de
  www.kigaweb.de
  www.kindergarten-workshop.de
  www.jeronimo.net
  www.sonderpaed.de
  www.spielzeugfreierkindergarten.de
  www.kitanetzwerk.de
  www.kindergartenpaedagogik.de
  www.paedagoge.de
- **Zeitschriften:** pädagogische Fachzeitschriften, Elternzeitschriften, die im Internet vertreten sind (z. B. www.kindergarten-heute.de)
- **Institutionen:** Kooperationspartner, sofern sie im Internet vertreten sind (z. B. Grundschulen, Gemeinde- oder Stadtverwaltung, Gesundheitsamt, Beratungsstellen)
- **Kinder:** Auf guten Kinderseiten finden Sie immer wieder praktische Hilfen und Informationen zu wichtigen und interessanten Themen, außerdem Basteltipps, Kinderlieder, Spielideen und vieles mehr, z. B.:
  www.kidsweb.de
  www.kidnet.de
  www.kindernetz.de
  www.kidsville.de
  www.cyberzwerge.de
  www.kindercampus.de
  www.multikids.de
  www.milkmoon.de
  www.pixelkids.de
  www.kindersache.de

Der Favoriten-Button:
Während Sie im Internet surfen, stoßen Sie mit Sicherheit immer wieder auf Seiten, bei denen Sie denken: „Das ist aber interessant, das möchte ich mir notieren!" Nutzen Sie dafür die Funktion Ihres Browsers: Durch die Option „Favoriten" merkt sich Ihr Browser die interessante Seite für Sie! Wenn Sie auf den entsprechenden Button klicken, öffnet sich ein Fenster. Dort können Sie Seiten „hinzufügen", die Sie immer wieder besuchen wollen. Sie können diese Seiten „verwalten", indem Sie Ordner anlegen, in denen die entsprechenden Seiten abgelegt werden.

Kopieren von Internet-Inhalten:
Wenn Sie beim Surfen auf einen Artikel stoßen, der für Ihre Arbeit interessant ist, können Sie auf der Webseite die gewünschte Textpassage markieren, indem Sie am gesamten Text mit gedrückter linker Maustaste entlangfahren. Der Text färbt sich nun blau, d. h. er ist markiert. Wenn Sie in der Menüleiste „Bearbeiten" und darin das Feld „Kopieren" anklicken, wird diese Textpassage automatisch kopiert. Sie können nun parallel Ihr Textverarbeitungsprogramm öffnen und auf eine neue, leere Seite den kopierten Text einfügen, indem Sie an der gewünschten Stelle auf die rechte Maustaste und in dem nun geöffneten Fenster auf „Einfügen" klicken. Der Text erscheint auf Ihrer Seite und Sie können ihn bearbeiten und unter einer beliebigen Überschrift abspeichern.

VI. Was bietet das Internet für ErzieherInnen?

1. Information

Das Internet bietet einen riesigen Fundus an Wissen. Es ist eine der größten und mittlerweile wichtigsten Wissensquellen überhaupt. ErzieherInnen können zu den verschiedensten Bereichen gezielt Informationen abrufen und verarbeiten. Zahlreiche Anbieter stellen Material zur Verfügung, das sich mit aktuellen und wichtigen pädagogischen Fragen auseinander setzt. Spezielle pädagogische Konzepte werden vorgestellt und Projekte, die in Einrichtungen durchgeführt wurden, dokumentiert. Der Informationsaustausch von Einrichtungen untereinander kann praktische Erfahrungen, organisatorische Fragen sowie fachliche Themen umfassen. Darüber hinaus sind zahlreiche pädagogische Fachzeitschriften im Internet vertreten und regen zum Aufgreifen von Themen und zum Weiterdenken an. Aktuelle politische Informationen können Sie beispielsweise über Entwicklungen oder Veränderungen im Sozialbereich ins Bild setzen. Natürlich besteht auch die Möglichkeit, Stellenangebote abzurufen und eigene Stellengesuche aufzugeben (wichtige Jobbörsen für ErzieherInnen finden Sie bei: *www.kigaweb.de* und *www.erzieherin-online.de*). Interessant sind auch die Fort- und Weiterbildungsangebote im Internet (eine

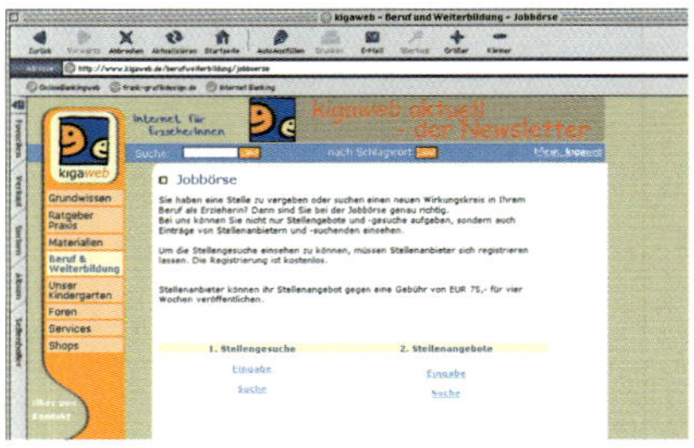

umfangreiche Fort- und Weiterbildungsbörse finden Sie z. B. unter *www.kindergarten-heute.de*). Ebenfalls werden zahlreiche Seiten für Kinder angeboten. Auch hier können Sie sich informieren und mit KollegInnen diskutieren, welche Seiten man den Eltern empfehlen kann (und welche nicht!).

a) Surfen

Wer im Internet „umherwandert", öffnet immer wieder neue Seiten (Websites) verschiedener Anbieter. Das kann sehr spannend sein; unverhofft stößt man auf Informationen, die man im Moment vielleicht gar nicht gesucht hat. Da kann es leicht passieren, dass man die Zeit vergisst und am Ende ein oder zwei Stunden vergangen sind! Da uns nicht immer so viel Zeit zur Verfügung steht, sollten wir bei der gezielten Suche nach einer Information so genannte Suchmaschinen zu Hilfe nehmen.

Surfen
„Umherschweifen". Das „Wandern" von einem Link zum anderen.

So geht's!
Haben wir jedoch etwas mehr Zeit, macht auch das Surfen viel Spaß. Sie haben Ihre Internet-Startseite geöffnet und über einen Suchbegriff (z. B. Waldkindergarten) eine erste Website geöffnet. Nun können Sie irgendeinen Button, auf dem sich der Pfeil in eine Hand verwandelt, anklicken und eine neue Seite öffnet sich. Sie überfliegen den Text und stoßen auf einen Hinweis, dass zum gleichen Thema ein anderer Anbieter Infos liefert. Das kann z. B. eine Internet-Adresse sein, die meist durch Unterstreichung und/oder Farbe hervorgehoben ist

PeP – Projekte entwickeln für die Praxis

❑ **Ja,** *ich möchte* **„PeP“** *gerne regelmäßig beziehen. Bitte senden Sie mir* **„PeP“** *sechsmal im Jahr zum Preis von jeweils € 13,90 (statt € 15,– im Einzelverkauf), zzgl. Porto. Ich kann den Bezug jederzeit kündigen. Als Dankeschön erhalte ich das Ergänzungsheft „Mit Kindern in Projekten arbeiten“ von Petra Stamer-Brandt!*

❑ **Ja,** *ich möchte* **„PeP“** *gerne kennenlernen. Bitte senden Sie mir ___ Expl. der* **„PeP-Mappe“** *zum Thema* **Fliegen** (4730008) *für jeweils € 5,50 zzgl. Porto zu.*

❑ **Ja,** *ich möchte gerne kostenlos eine Übersicht über alle bisher erschienenen* **„PeP-Mappen“** *zugeschickt bekommen* (13392204).

❑ **Ja,** *aus der untenstehenden Auswahl von* **„PeP-Mappen“** *möchte ich gerne folgende Exemplare zum Stückpreis von € 15,– zzgl. Porto bestellen.*

___ *Expl. zum Thema* **Elfen und Trolle** (4730347)
___ *Expl. zum Thema* **Wilder Westen** (4730339)
___ *Expl. zum Thema* **Wasser** (4730321)
___ *Expl. zum Thema* **Garten** (4730313)
___ *Expl. zum Thema* **Weltraum** (4730255)
___ *Expl. zum Thema* **Märchen** (4730297)

❑ **Ja,** *ich möchte gerne folgende* **„PeP-Mappen“** *zum Stückpreis von € 15,– zzgl. Porto bestellen. (bitte Thema und Bestellnummer eintagen)*

___ *Expl. zum Thema* ______________________
___ *Expl. zum Thema* ______________________
___ *Expl. zum Thema* ______________________

Das kindergarten heute – Abonnement: Jetzt bestellen!

Ja, ich möchte „kindergarten heute“ ab sofort regelmäßig lesen. Senden Sie mir die Zeitschrift zehnmal im Jahr direkt nach Hause. „kindergarten heute“ kostet im Abonnement 32,– € im Jahr (für Auszubildende 23,50 €) zuzüglich Porto.

Vor- und Zuname

Straße

PLZ/Ort

Für das Studentenabo:
Meine Ausbildung endet ca. ___________

❑ Ich wünsche Bankeinzug.

Konto-Nr. Bankleitzahl

Bankinstitut

❑ Ich überweise nach Erhalt der Rechnung.

Datum ✗ Unterschrift

Vertrauensgarantie: Ich kann diese Bestellung bis zum Ablauf einer Woche ab Datum der Unterschrift beim Verlag Herder, 79080 Freiburg, schriftlich widerrufen. Zur Wahrung der Frist genügt die rechtzeitige Absendung. Davon habe ich Kenntnis genommen.

Datum ✗ Unterschrift

Preise gültig bis 31.12.02

---

basiswissen kita – Entwickungsmöglichkeiten und Perspektiven

In der Reihe „basiswissen kita“ sind bisher erschienen:

*Zum Preis von jeweils **€ 7,50** zzgl. Porto:*

„Beurteilungen & Zeugnisse“ (Best.-Nr. 4002200)
„Teamentwicklung“ (Best.-Nr. 4002218)
„Neue Elternarbeit“ (Best.-Nr. 4002234)
„Praktikantinnen-Anleitung“ (Best.-Nr. 4002267)
„Öffentlichkeitsarbeit“ (Best.-Nr. 4002275)
„Konzeptionsentwicklung“ (Best.-Nr. 4002283)

*Zum Preis von jeweils **€ 8,50** zzgl. Porto:*

„Social Sponsoring & Fundraising“ (Best.-Nr. 4002291)
„Leitungsaufgaben“ (Best.-Nr. 4002226)
„Personalauswahl“ (Best.-Nr. 4002242)
„Qualitätsentwicklung“ (Best.-Nr. 4002259)

❑ **Ja,** ich möchte gerne folgende Ausgaben von **„basiswissen kita“** bestellen:

Ex.	Kurztitel	Best.-Nr.	Preis
	SOCIAL SPONSORING	4002291	8,50

Gerne informieren wir Sie auch über die günstigen Mengenpreise von **„basiswissen kita“** (ab 5 Exemplaren). Rufen Sie uns einfach an: (+49) 0761 / 2717 244.

Absender:

Vor- und Zuname

Straße

PLZ/Ort

Datum ✗ Unterschrift

Vertrauensgarantie: Ich kann diese Bestellung bis zum Ablauf einer Woche ab Datum der Unterschrift beim Verlag Herder, 79080 Freiburg, schriftlich widerrufen. Zur Wahrung der Frist genügt die rechtzeitige Absendung. Davon habe ich Kenntnis genommen.

Datum ✗ Unterschrift

Preise gültig bis 31.12.02

Bitte mit € 0,51 frankieren, falls Marke zur Hand

Antwort

Verlag Herder
Herrn Heiko Lauby

79080 Freiburg

Erziehen mit Freude und Kompetenz

Bitte mit 0,51 € frankieren, falls Marke zur Hand

Antwort

Verlag Herder
Herrn Heiko Lauby

79080 Freiburg

Absender:

Vor- und Zuname

Straße

PLZ/Ort

Telefon für evtl. Rückfragen

Datum ✗ Unterschrift

Bitte mit 0,51 € frankieren, falls Marke zur Hand

Antwort

Verlag Herder
Herrn Heiko Lauby

79080 Freiburg

Rundum kompetent: kindergarten heute *spezial*

Ja, senden Sie mir bitte

_____ Expl. „Pädagogische Handlungskonzepte". Der Stückpreis beträgt 7,– € zzgl. Porto. (4000972)

_____ Expl. „Wahrnehmungsstörungen bei Kindern". Der Stückpreis beträgt 8,– € zzgl. Porto. (4000949)

_____ Expl. „Verhaltensauffälligkeiten bei Kindern". Der Stückpreis beträgt 7,50 € zzgl. Porto. (4000956)

_____ Expl. „Entwicklungspsychologie". Der Stückpreis beträgt 6,50 € zzgl. Porto. (4000964)

Gerne informieren wir Sie auch über die günstigen Mengenpreise von **kindergarten heute *spezial*"** (ab 5 Exemplaren). Rufen Sie uns einfach an: (+49) 0761 / 2717 244.

Meine Adresse:

____
Vor- und Zuname

____
Straße

____
PLZ/Ort

____
Telefon für evtl. Rückfragen

____
Datum ✗ Unterschrift

✂--✂

Kostenlose Informationen

schicken wir Ihnen gerne zu!

Ja! Bitte senden Sie mir kostenlos und unverbindlich Informationen zu

- ❑ mobile – der Zeitschrift für Ihre Elternarbeit
- ❑ Ihrem Pädagogik-Buchprogramm

Meine Adresse:

____
Vor- und Zuname

____
Straße

____
PLZ/Ort

____
Telefon

✂--✂

Sie kennen „kindergarten heute" noch nicht? Bestellen Sie ein kostenloses Probeheft!

„kindergarten heute" ist die meistgelesene Fachzeitschrift für ErzieherInnen. Sie bietet zehnmal im Jahr aktuelle Beiträge über die neuesten Entwicklungen in der Pädagogik, lebendige Reportagen, jede Menge Anregungen für Ihre tägliche Arbeit, einen ausführlichen Serviceteil und vieles mehr. **„kindergarten heute"** hat den direkten Bezug zur Praxis und unterstützt Sie auf ideale Weise in Ihrem Beruf.

www.kindergarten-heute.de

Vollständig überarbeitete Neuausgabe!

kindergarten heute *spezial*
Pädagogische Handlungs konzepte von Montessori bis zum Situations-ansatz.

Bestellen Sie auf der Vorderseite!

Bitte mit 0,51 € frankieren, falls Marke zur Hand

Antwort

Verlag Herder
Herrn Heiko Lauby

79080 Freiburg

Bitte mit 0,51 € frankieren, falls Marke zur Hand

Antwort

Verlag Herder
Herrn Heiko Lauby

79080 Freiburg

Ja! Bitte senden Sie mir kostenlos ein **„kindergarten heute“** - Probeheft zu.

Meine Anschrift:

____
Vor- und Zuname

____
Straße

____
PLZ/Ort

____
Telefon (für evtl. Rückfragen)

Bitte mit 0,51 € frankieren, falls Marke zur Hand

Antwort

Verlag Herder
Herrn Heiko Lauby

79080 Freiburg

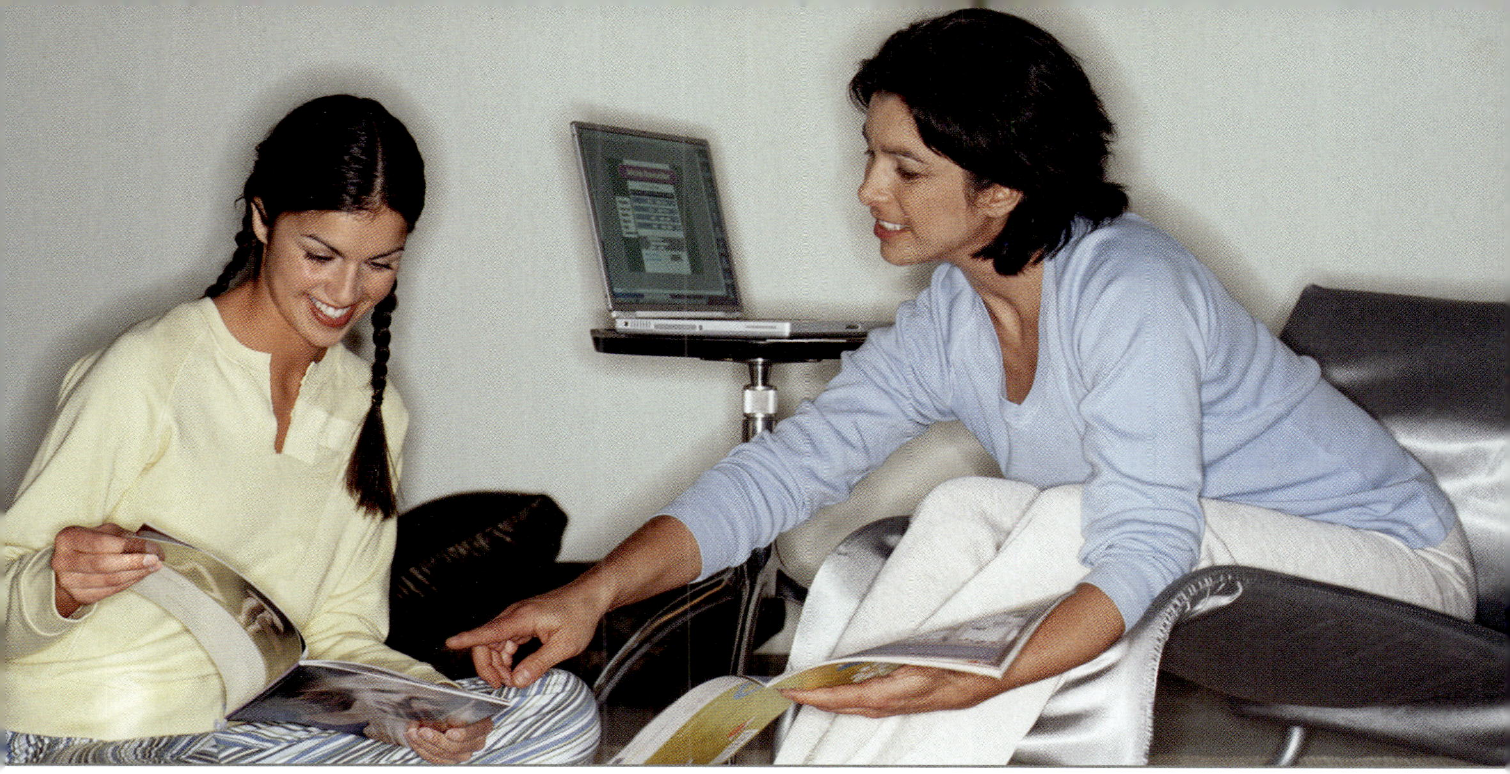

(Link). Klicken Sie nun auf diese Adresse (URL), öffnet sich eine neue Seite und Sie sind bei dem neuen Anbieter gelandet.

Link
Auch „Hyperlink". Verweis auf eine andere Seite im WWW. Ein Link ist ein meist farblich abgesetzter, unterstrichener Text oder auch ein Bildsymbol. Klickt man auf einen solchen Link, ruft der Browser die zugeordneten Daten auf, d. h. man „landet" auf einer anderen Webseite.

Nach und nach entfernen Sie sich immer weiter von Ihrer ersten geöffneten Seite. Im Laufe der Zeit haben Sie so viele Seiten geöffnet, dass Sie nun am unteren Bildschirmrand viele neue Felder sehen können, die vorher nicht vorhanden waren. Was nicht mehr gebraucht wird, kann wieder geschlossen werden. Dies geht am schnellsten, wenn Sie mit der rechten Maustaste auf eine geöffnete Adresse klicken. Es erscheint ein kleines Fenster. Schließen Sie nun die geöffneten Seiten, indem Sie mit der linken Maustaste auf „Schließen" klicken.

Tipp:
Wenn Sie nicht ziellos im Internet surfen wollen, informieren Sie sich, welche Seiten andere ErzieherInnen empfehlen. Wenn Sie selbst interessante Seiten finden, legen Sie diese in Ihrem Ordner „Favoriten" ab und empfehlen sie weiter. Auch Fachzeitschriften geben Hinweise auf Internet-Adressen, die nützlich sein können. Auf speziellen Seiten, die sich an ErzieherInnen richten, sind Linklisten aufgeführt, die auf Seiten mit vielfältigen Infos zum Berufsfeld verweisen. Linklisten finden sich häufig unter den Bezeichnungen „Linksammlung", „LieblingsLinks" oder „Weiterführende Links".

Exkurs:

Wenn der Computer abstürzt

Ab und zu kann es vorkommen, dass Ihr Computer „streikt" und nichts mehr geht. Man spricht hier von einem Computer- oder Systemabsturz. Ursache ist häufig ein Fehler in einem Programm oder auch eine Überlastung des Rechners, d. h. es kann sich sowohl um ein Software- als auch um ein Hardware-Problem handeln. Am besten, man fährt in diesem Fall den Computer herunter und startet ihn nochmals neu.
Nicht gespeicherte Daten gehen dabei allerdings verloren. Sichern Sie deshalb regelmäßig Ihre Daten! Dies gilt selbstverständlich auch, wenn Sie nicht im Internet sind, sondern die übliche Büroarbeit erledigen. Auch hier kann es vorkommen, dass plötzlich die Meldung „Die Anwendung reagiert nicht" erscheint. Beenden Sie das Programm und starten Sie es neu.

Was tun, wenn ein Programm nicht mehr funktioniert?
Sie können bei Windows durch gleichzeitiges Drücken der Tasten „Steuerung", „Alt" und „Entfernen" den „Prozess-Manager" aufrufen. Er zeigt eine Liste aller laufenden Programme – inklusive des Programms, das gerade „abgestürzt" ist (das kann auch Ihr Browser-Programm sein). Klicken Sie es einfach an und beenden Sie es!

Schutz vor Viren

Wenn Sie sich einen Internetzugang eingerichtet haben, empfiehlt es sich auf jeden Fall, eine spezielle Sicherheitssoftware zu installieren. Es gibt unterschiedliche Computerviren (das sind Programme, die einem anderen Rechner Schaden zufügen), die meist unbemerkt auf Ihren Computer gelangen, während Sie im Internet surfen. Diese Viren können Software zerstören oder im schlimmsten Fall Ihre ganze Festplatte mit allen gespeicherten Daten löschen. Sie können sich aber weitgehend vor solchen Viren schützen, indem Sie ein Virenschutzprogramm installieren. Erkundigen Sie sich, welche (aktuelle!) Software sinnvoll ist, suchen Sie auch im Internet mit Hilfe einer Suchmaschine unter dem Suchbegriff „Computerviren" oder „Virenschutzprogramm" nach Informationen. Ggf. können Sie sich auch ein Virenschutzprogramm kostenlos aus dem Internet herunterladen.

Was tun, wenn das ganze System stillsteht?
Bei Absturz des Betriebssystems startet bei Windows automatisch „Scan Disc", ein Programm, das die Festplatte überprüft, den Fehler findet und einen Neustart durchführt. Sollte das auch nicht funktionieren, müssen Sie den Computer ab- und wieder neu einschalten.

b) Gezielte Suche mit Suchmaschinen und Webkatalogen

Suchmaschinen

Wenn Sie beispielsweise Seiten zu bestimmten pädagogischen Themen suchen, ist es hilfreich, Suchmaschinen zu benutzen. Suchmaschinen „durchwandern" selbstständig das WWW und speichern alle gefundenen Informationen vorsortiert in einer Datenbank ab. Der Internet-Nutzer kann über eine solche Suchmaschine, die oft zigmillionen Seiten gespeichert hat, gezielt nach bestimmten Informationen suchen. Wichtige Suchmaschinen sind z. B. Google, Altavista, Lycos, Hotbot, Excite – sie differieren in ihrem Angebot. Besonders empfehlenswert ist die Suchmaschine Google, da sie schnell arbeitet, eine große

Auswahl an Seiten vorschlägt und problemloses Navigieren ermöglicht. Wenn Sie eine Verbindung zum Internet hergestellt haben und Ihre Startseite geöffnet ist, geben Sie die Adresse *www.google.de* ein. Es öffnet sich ein Suchfenster, in das Sie nun einen Suchbegriff eingeben, der auf das von Ihnen gesuchte Thema verweist (z. B. Waldkindergarten). Je konkreter der Suchbegriff, desto genauer sind die Treffer. Formulieren Sie also Ihre Suche nicht zu allgemein (ein Suchbegriff wie „Kinder" bringt so viele Suchergebnisse, dass sich diese unmöglich alle verarbeiten lassen). Sie können die Suche noch gezielter gestalten, wenn Sie eine Verknüpfung verschiedener Suchbegriffe eingeben. Sie verbinden einfach zwei oder drei Begriffe mit dem Zeichen + (z. B. Waldkindergarten + Stuttgart + Konzeption). Achten Sie auch auf die richtige Schreibweise der Suchwörter! Wenn Sie nun auf „Google-Suche" (Seiten in Deutsch) klicken, öffnet sich eine Seite mit vielen Internet-Adressen, die Sie direkt anwählen können.

Tipp:
Alle Suchmaschinen bieten eine Hilfe, die die Bedienung erklärt. Unter *www.suchfibel.de* und *www.klug-suchen.de* finden Sie Übersichten über die zahlreichen Suchmaschinen, aber auch gute Tipps zum Suchen und Finden im WWW.

Webkataloge

Im Gegensatz zu Suchmaschinen basieren Webkataloge nicht auf dem automatischen „Durchwandern" des WWW, sondern werden redaktionell betreut und nach Themengebieten sortiert. Die Menge der gespeicherten Seiten ist geringer, dafür werden Seiten nicht willkürlich aufgenommen, sondern nur dann, wenn sie bestimmte Qualitätsansprüche erfüllen. Bekannte Webkataloge sind Yahoo, web.de, Dino-Online, Alles Klar.

Kindersuchmaschinen

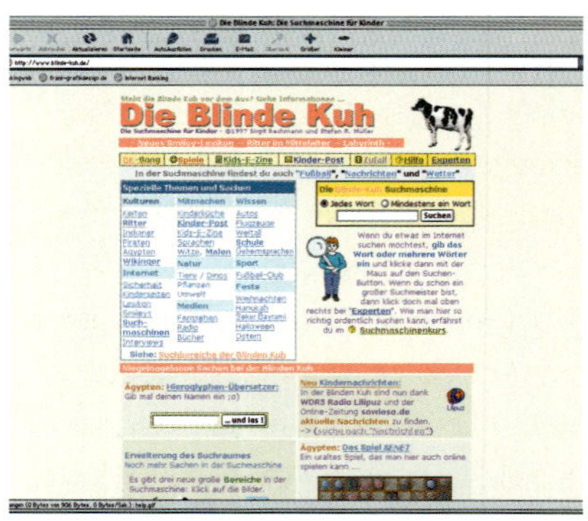

Über spezielle Kindersuchmaschinen können Sie gezielt nach Kinderseiten suchen, die im Internet angeboten werden. Diese Suchmaschinen haben sich (auch optisch!) auf die Zielgruppe „Kind" eingestellt, erleichtern also die Suche nach spezifischen Themen für verschiedene Altersgruppen. Besonders empfehlenswert sind die Kindersuchmaschinen *www.trampel-*

tier.de und *www.blinde-kuh.de.*
Viele Privatpersonen machen sich auch die Mühe, ihr persönliches „Sammelsurium" an Liedern oder Spielen auf einer eigenen Website zu veröffentlichen. Das sind oft engagierte Mütter oder Menschen, die mit Kindergruppen arbeiten. Man staunt, mit wie viel Mühe die Websites häufig gestaltet wurden! Gerade hier lassen sich vielfältige Anregungen für die Gestaltung der eigenen Kindergarten-Website finden.

2. Kommunikation

a) Kommunizieren via E-Mail

Im E-Mail-Bereich gibt es mittlerweile fast nichts mehr, was es nicht gibt! Sie können E-Mails auf ein Handy schicken, auf ein Fax weiterleiten oder sich per SMS benachrichtigen lassen. Für den Kindergarten ist das Arbeiten mit einem E-Mail-Programm wie Microsoft Outlook Express (kostenlos im Microsoft Internet Explorer enthalten!) ausreichend und sehr praktisch, da Sie beispielsweise Dokumente, die bereits auf dem PC gespeichert wurden, offline (d. h. Sie sind noch nicht kostenpflichtig mit dem Internet verbunden) bearbeiten und dann versenden können. Ob Sie Kontakt mit Eltern, mit dem Träger, mit Kooperationseinrichtungen, aber auch mit KollegInnen, die wegen Krankheit oder Urlaub nicht in der Einrichtung erreichbar sind, herstellen wollen – dies ist in Sekundenschnelle möglich. Die elektronische Post vereinfacht auch den Informationsaustausch zwischen Einrichtungen derselben Gemeinde. Dennoch können E-Mails natürlich nicht das persönliche Gespräch ersetzen. Gerade in Kindertageseinrichtungen bildet die „Face-to-face-Kommunikation" nach wie vor die wichtigste Grundlage für eine gute Zusammenarbeit aller Beteiligten!

E-Mail
„Elektronische Post". Mit diesem Internetdienst können vorwiegend Texte (aber z. B. auch Grafiken) von einem Nutzer an einen anderen geschickt werden. Hierzu muss man lediglich die E-Mail-Adresse des Empfängers kennen.

Die E-Mail-Adresse
Genauso wie Sie eine Postanschrift für Ihre Briefpost benötigen, erhalten Sie als Internet-Nutzer von Ihrem Provider oder Online-Dienst eine elektronische Postanschrift, die E-Mail-Adresse. Die Nachrichten werden nicht direkt an den Computer des Empfängers übermittelt, sondern landen zunächst auf dem Rechner des Providers oder Online-Dienstes (Server), von dort können sie dann abgerufen werden. Anbieter wie Yahoo oder GMX vergeben kostenlos E-Mail-Adressen. Dies ist dann sinnvoll, wenn Sie über keinen eigenen Internetzugang verfügen, also auch nicht mit einem eigenen E-Mail-Programm arbeiten.
Eine E-Mail-Adresse besteht immer aus der Benutzerkennung und der Domain des Anbieters, der den Zugang zum Internet herstellt. Die beiden Angaben werden durch das Zeichen @ (sprich: ät) verbunden. Der letzte Teil der Adresse ist meist die Länderkennung, für Deutschland „.de". So könnte Erika Maier beim Verlag Herder z. B. folgende Adresse haben: erikamaier@herder.de.

Domain
Internet-Name eines Servers, wichtiger Bestandteil der Web-Adresse (URL). Neben der eigentlichen Domain (z. B. kindergarten-heute) gibt es die Sub-Level-Domain (z. B. www) und die Top-Level-Domain (z. B. .de).

E-Mail verfassen und versenden
Wenn Sie mit einem E-Mail-Programm arbeiten, ist das Versenden von E-Mails recht einfach, da diese Programme Symbolleisten mit einfachen Bildern und Befehlen anbieten. Das Beispiel von Outlook Express zeigt, dass sich die Funktionen fast von selbst erklären.

Mit der linken Maustaste auf die Schaltfläche **„Neue E-Mail"** klicken, es öffnet sich ein neues Fenster (neue Nachricht). Sie schreiben nun die Adresse des Empfängers in die Adresszeile. In der Betreffzeile teilen Sie dem Empfänger mit, worum es in Ihrer Mail geht.
Im Textfeld geben Sie nun Ihre Nachricht ein, d. h. Sie erstellen ein Dokument (wie auch bei Ihrem Textverarbeitungsprogramm!). Es ist natürlich möglich, nicht nur reine Textdokumente zu verschicken, sondern z. B. auch Grafiken oder Fotos.

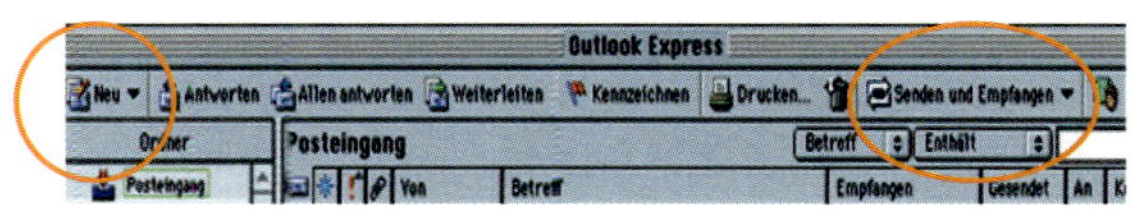

Anschließend versenden Sie die Mail, indem Sie auf die Schaltfläche **„Senden und Empfangen"** klicken. Sollten Sie offline gearbeitet haben, startet automatisch der Wählvorgang und Sie können die Internetverbindung herstellen.
Weitere Schaltflächen auf Ihrem Browser geben Hinweise auf die vielfältigen Möglichkeiten, die Ihr E-Mail-Programm sonst noch bietet. So können Sie einer Kollegin eine „Anlage" (attachment) schicken, dies wird durch die Büroklammer symbolisiert. Haben Sie z. B. einen interessanten Artikel im Internet gefunden, kopiert und in Ihrem Textverarbeitungsprogramm gespeichert, können Sie diese

Datei als Anhang versenden. Sie schreiben Ihrer Kollegin eine kurze Mitteilung (wie oben beschrieben) und weisen auf die Anlage hin. Dann klicken Sie auf die Büroklammer und es öffnet sich das Fenster **„Anlage einfügen"**. Sie suchen nun in Ihren Dateien nach dem entsprechenden Dokument und klicken es an. Wenn Sie jetzt auf **„Einfügen"** klicken, erscheint die Anlage in Ihrer E-Mail (versehen mit einer Büroklammer). Der Empfänger weiß nun, dass er ein zusätzliches Dokument erhält, wenn er auf die Büroklammer klickt.

E-Mail empfangen

Beim Empfangen einer E-Mail muss ich wissen, dass die Nachricht nicht von alleine auf meinen Computer kommt. Ich muss mein E-Mail-Programm starten und auf neue Nachrichten vom Provider prüfen lassen. Das geht nur, wenn ich mit dem Internet verbunden, also „online" bin. Bei Outlook Express klicken Sie zum Abrufen von E-mails auf den Button „Senden/Empfangen": Die eingegangene E-Mail erscheint im Ordner „Posteingang". Durch Anklicken können Sie den Inhalt im Textfenster lesen. Falls Dateianhänge mitgeschickt wurden, erkennen Sie dies an der Büroklammer.

Bei kostenlosen Anbietern funktioniert das ähnlich. Sie geben die Adresse des Anbieters ein (z. B. *www.gmx.de*) und es öffnet sich die entsprechende Seite. Wenn Sie bei einem dieser Anbieter ein E-Mail-Konto (= Briefkasten) eingerichtet haben, gehen Sie auf dieser Seite zum Briefkasten und sehen nach, ob Post für Sie da ist. Das geschieht natürlich mit Hilfe eines Passworts, so dass Ihre Daten geschützt sind!

Virus

Ein elektronischer „Parasit", der sich über Dateien von Rechner zu Rechner überträgt und im schlimmsten Fall Datenverlust verursachen kann. Zum Schutz vor Viren existiert eine Vielzahl von Programmen, die z. B. aus dem Internet geladene Dateien zunächst auf ihre Unbedenklichkeit hin überprüfen. Ein bekannter Hersteller entsprechender Schutz-Software ist die Firma McAffee.

b) Kommunizieren im Chat

Unter „Chatten" versteht man unverbindliches „Plaudern" über verschiedene Themen. Man kann über die Tastatur mit (sehr vielen!) Personen kommunizieren, die ebenfalls in diesem Moment ans Internet angeschlossen sind. Einige Chats finden regelmäßig statt, andere nur zu bestimmten Zeiten oder Themen. Unter dem Begriff „Chatroom" versteht man einen virtuellen Raum, in dem sich Leute „treffen", um sich auszutauschen.

In speziellen Fachforen ist fachliches Diskutieren unter Berufsangehörigen möglich. Im Forum von *www.kindergarten-online.de* können Sie beispielsweise in verschiedenen „Ecken" miteinander ins Gespräch kommen, Fragen stellen und sich über pädagogische Themen austauschen. Auf anderen berufsspezifischen Seiten laden Foren unter Rubriken wie „Rund um den Kindergarten", „Facharbeiten und Referate", „Elternarbeit", „Elternforum" oder auch „Expertenforum" zum Diskutieren ein.

Wichtig für die effektive Kommunikation im Chatroom sind Kenntnisse der entsprechenden Regeln. Da bei dieser Form des Gesprächs jedes Wort geschrieben werden muss, haben sich beispielsweise Schriftzeichen etabliert, die der nonverbalen Kommunikation nahe kommen, z. B. so genannte Emoticons oder Smileys, die bestimmte Gefühlszustände symbolisieren.

Tipp:

Wenn Sie selbst E-Mails mit einer Büroklammer erhalten, achten Sie darauf, dass Sie diese Anlagen nicht sofort öffnen. Wenn Sie den Absender kennen und wissen, was die Anlage enthält, können Sie am ehesten sicher sein, dass kein Virus enthalten ist.

3. Einkaufen online

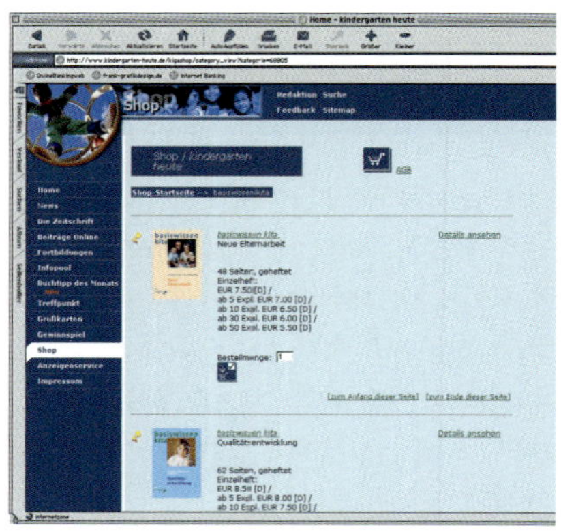

Fast alle Verlage und Firmen für Kindergartenbedarf bieten ihre Waren im Internet an. Es gibt Online-Shops für pädagogisches Spiel- oder Gestaltungsmaterial, für Fachbücher, für Büromaterial, Angebote für den Wirtschaftsbereich von Waschmittel bis Lebensmittel – alles, was in der Einrichtung benötigt wird, kann bequem am Bildschirm gesichtet, verglichen und auch gleich bestellt werden. In der Regel wird die bestellte Ware innerhalb einer Woche zugestellt und Sie können diese – wie bei Katalogbestellungen auch – innerhalb einer bestimmten Frist zurücksenden oder umtauschen.

Zahlungsmöglichkeiten

Die Bezahlung erfolgt ebenfalls auf unkomplizierte Weise: Häufig können Sie den Betrag nach Erhalt der Ware per Rechnung überweisen. Es ist aber auch eine Bezahlung per Bankeinzug möglich. Dies geschieht über eine „gesicherte Verbindung", d. h. Ihre Daten werden vertraulich behandelt. Bei manchen Online-Shops „loggen" Sie sich mit einem Passwort ein, wenn Sie bestellen möchten und bereits Kunde waren. Eine weitere Möglichkeit der Bezahlung ist die Kreditkarte, die besonders bei ausländischen Firmen oftmals die einzige Zahlungsmöglichkeit ist. Es empfiehlt sich, auch bei Online-Shops die Geschäftsbedingungen genau zu lesen. In der Regel bieten die Firmen Sicherheitsgarantien wie Zahlungssicherheit, Rückgaberecht und Datenschutz als selbstverständliche Leistungen an.
Schauen Sie sich einmal unverbindlich in verschiedenen Online-Shops um, viele sind sehr übersichtlich und ansprechend gestaltet und bieten eine ausreichende Beschreibung der einzelnen Warenangebote. Mit kleinen Suchmaschinen können Sie innerhalb des „Warenhauses" gezielt nach Produkten suchen.

Beispiel

Hier können online Aufkleber für die Kindergartenpost bestellt werden. Nach Auswahl des gewünschten Designs öffnet sich bei diesem Anbieter ein Formular, in das Sie den Text eintragen können, der auf dem Aufkleber stehen soll. Anschließend klicken Sie auf „Warenkorb". Dort wird Ihre vorläufige Bestellung eingetragen, bis Sie sie schließlich verbindlich bestätigen. In ein Bestellformular tragen Sie dann Ihre Daten ein: Name, Adresse und die gewünschte Zahlungsweise. Sie klicken auf „Bestellung abschicken" und erhalten umgehend eine Bestätigung zum Ausdrucken für Ihre Unterlagen.

4. Öffentlichkeitsarbeit – die eigene Website

Immer mehr Kindertageseinrichtungen präsentieren sich auf einer Website, machen ihre pädagogische Arbeit transparent für die Öffentlichkeit.

Homepage und Website

Seite im WWW, die über eine Internet-Adresse direkt angewählt werden kann. Bei einem Internet-Auftritt ist die Homepage die „Hauptseite". Von dort aus lassen sich über weiterführende Links die „Unterseiten" erreichen. Der Begriff „Website" umfasst dagegen beides: die Homepage sowie die untergeordneten Web-Seiten.

Nicht nur für Eltern, die einen Kindergarten für ihr Kind suchen, auch für KollegInnen anderer Einrichtungen sind solche „Selbstdarstellungen" informativ. „Das Internet bietet eine weitere Möglichkeit, sich öffentlich zu präsentieren, und zwar über die sporadische Berichterstattung in der Lokalpresse hinaus, die sich oft nur an Festen oder Bauvorhaben orientiert. Kindergärten können so um Verständnis für ihre pädagogische Arbeit werben. Die Konzeption eines Internet-Auftritts zwingt dazu, sich über Stärken und Schwächen klar zu werden. Die direkte Vergleichsmöglichkeit zwischen den pädagogischen Leitlinien unterschiedlicher Einrichtungen verstärkt den Wettbewerb und trägt damit zur Qualitätssteigerung bei." (Dies schrieb mir Ekkehard Wolf, „Die kleinen Strolche", Rodgau.)
Die meisten Einrichtungen haben gute Erfahrungen mit der eigenen Seite im Netz gemacht. Die Arbeit, die im Vorfeld anfällt, trägt zur konstruktiven Auseinandersetzung bei, denn das Team muss die Konzeption der Einrichtung neu überdenken und gestalten. Nur so ist eine stimmige Darstellung nach außen möglich.

Wie kommen wir zu einer Website?

Sie haben verschiedene Möglichkeiten, zu einer eigenen Website zu kommen. Entweder Sie regen Eltern, die in diesem Bereich Erfahrung haben, zur Mitarbeit an. Oder aber Sie haben die Möglichkeit, über den Träger eine Website einzurichten. Wenn Sie Lust haben, selbst mit einem entsprechenden Programm zur Websitegestaltung (z. B. Frontpage von Microsoft) zu arbeiten und zu experimentieren, erfordert das heute kein allzu großes Spezialwissen

HTML
HyperText Markup Language. Die „Sprache" des WWW, die den Webseiten zu Grunde liegt. Der Browser setzt diese Sprache in die für uns sichtbare Darstellung um. Wenn Sie in Ihrem Browser unter dem Menü „Ansicht" auf „Quelltext" gehen, finden Sie die entsprechende Seite in der HTML-Sprache.

mehr. Mit Frontpage können Sie beispielsweise, ohne die HTML-Sprache zu beherrschen, ansprechende Seiten gestalten. Die Bausteine, die Sie brauchen, werden hier zur Verfügung gestellt und Sie werden in einzelnen Arbeitsschritten über einen „Manager" beim Bau Ihrer Seite begleitet. Wenn Sie bei einem großen Provider wie T-Online sind, dann steht Ihnen dort automatisch Speicherplatz für Ihre Website zur Verfügung. Möglicherweise gehört Ihre Einrichtung auch zu einem größeren Träger, dessen Server genutzt werden kann. Fragen Sie bei anderen Einrichtungen, die schon im Internet präsent sind, nach, wie man dort vorgegangen ist.

Tipp:
Wenn Sie sich für Infos rund um das Thema HTML interessieren, bietet die Website *www.selfhtml.de* etliche Links zu informativen Seiten!

Wie sehen andere Websites aus?
Zunächst ist es sinnvoll, Websites verschiedener Kindergärten anzuschauen. Blättern Sie auch auf den Seiten, die als Links auf der Startseite angeboten werden. Sie können sehen, dass eine Website aus mehreren, über Links verknüpften Seiten besteht. Die Startseite ist eine Art „Eingang" (Portal), hier entscheidet der Besucher, ob er sich mit weiteren Informationen des Anbieters befassen will, ob er also weiterblättern wird oder nicht. Entscheidend hierfür

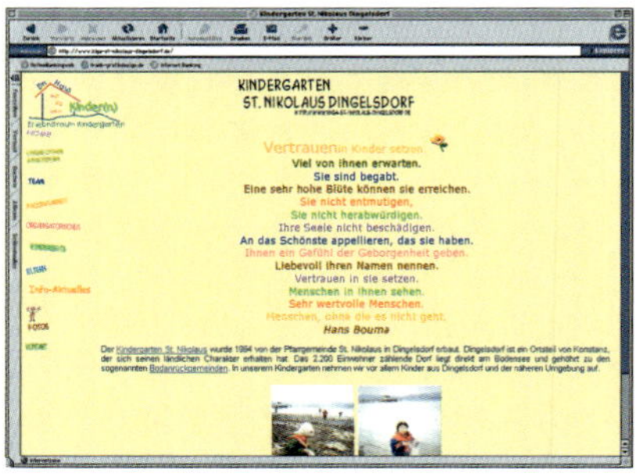

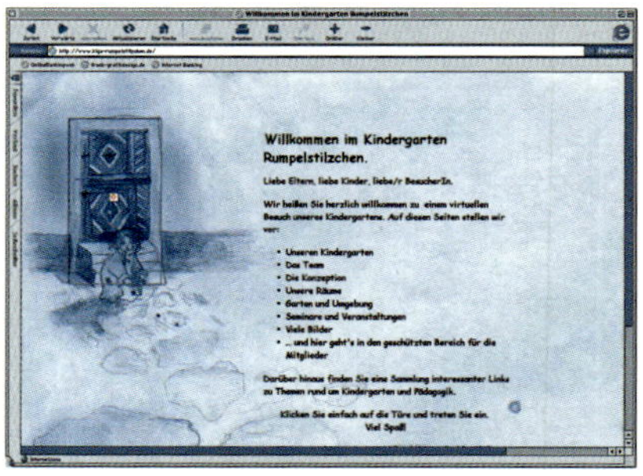

ist die Gestaltung der Startseite:

- Hat die Überschrift der Seite Wiedererkennungscharakter? (Das kann ein Logo sein, das neugierig macht.)
- Spricht mich die grafische Gestaltung an (Farben, Schrift, Anordnung, Abbildungen etc.)?
- Sind die Textbausteine (auch die, die zu weiteren Seiten führen) klar und prägnant, d. h. kann ich mir darunter etwas vorstellen? Sind alle Bereiche abgedeckt, die mich interessieren?

Sie können hier etliche Vorinformationen sammeln, die für die Erstellung Ihrer Kindergarten-Website nützlich sind. Denn: Eine schlechte Website kann in der Öffentlichkeit den Eindruck erwecken, auch Ihre Arbeit sei schlecht.

Erste Überlegungen

- Wozu soll die Website dienen? (Information über die Einrichtung im Rahmen der Öffentlichkeitsarbeit beinhaltet sowohl die organisatorischen Punkte als auch die konzeptionelle Darstellung, die Veröffentlichung von aktuellen Projekten usw.)
- Was soll veröffentlicht werden, was nicht? (Schwerpunkte setzen!)
- Welches Bild wollen Sie nach außen vermitteln? (Profil, Stil der Einrichtung)

Nach diesen Vorüberlegungen, die im Team stattfinden sollten, kann der erste Entwurf einer Struktur erfolgen. Die meisten Websites bestehen, wie gesagt, aus mehreren Seiten, und die Überschriften zu diesen Seiten müssen wohlüberlegt sein.

Beispiel für das Anlegen verschiedener Seiten

Für die Überschriften können natürlich unterschiedliche Vorschläge diskutiert werden, die anschaulich die unten genannten Inhalte beschreiben.

Startseite
(Willkommen! Unser Kindergarten):

- Name und ggf. Logo des Kindergartens werden genannt (weisen evtl. schon auf das Profil der Einrichtung hin, z. B. Waldkindergarten Wurzelzwerge).
- Adresse und Kontaktperson(en) werden angegeben.
- Hier wird auf die weiteren Inhalte hingewiesen, die über Buttons (evtl. grafischer Art) zu erreichen sind.

Standort (Hier finden sie uns):
Hier kann die Lage des Kindergartens beschrieben werden (evtl. mit Lageplan – wie komme ich hin?), sinnvoll kann auch eine Außenaufnahme des Gebäudes und des Gartens sein.

Infrastruktur
(So sieht's bei uns aus):
Beschreiben Sie hier die Aufteilung der Räume, die Spielbereiche innen und außen sowie Besonderheiten (z. B. Werkraum, Turnraum).

Rahmenbedingungen:
- Öffnungszeiten
- Gebühren
- Das Team
- Gruppengröße
- Anzahl der Gruppen und Zahl der Kinder insgesamt (Größe der Einrichtung)
- Altersstruktur der betreuten Kinder

Pädagogische Konzeption
(So arbeiten wir):
Hier sollten Sie die Ziele und Methoden Ihrer Arbeit transparent machen und Besonderheiten hervorheben.

Zusammenarbeit mit Eltern:
Hier können die Methoden der Elternarbeit dargestellt werden (Elternabend, Gespräche mit Terminvereinbarung, Elternzeitung usw.).

Projekte:
Hier können laufende oder abgeschlossene Projekte dokumentiert werden, möglichst mit Bildern der Kinder. Auch über Feste oder Ausflüge kann hier berichtet werden.

Am Beispiel der Website dieses Waldkindergartens lässt sich eine sinnvolle Struktur zeigen: Auf der linken Seite, hier als unterstrichener Text, sind verschiedene Seiten aufgeführt, die angeklickt werden können. Hinter „Organisation" verbirgt sich die Kindergartenordnung mit Öffnungszeiten und sonstigen wichtigen Informationen. Da es sich hier um einen Waldkindergarten handelt, ist auch der Punkt „Entstehung" interessant. Hier kann man etwas über die Anfänge und die Entwicklung der Einrichtung erfahren. Unter „Wakigas" stößt man auf eine große Sammlung von Links, die zu anderen Websites zum Thema „Waldkindergarten" führen. Haben Sie „Literatur" angeklickt, finden Sie Bücher zur Waldkindergarten- und Naturpädagogik. Viel Material findet sich auch im „Forum". Hier entstand mit der Zeit eine Sammlung von interessanten Beiträgen, Fragen von „Bekleidung bis Förster" sowie aktuellen Stellenangeboten und -gesuchen. Wichtig ist natürlich auch die Möglichkeit, eine E-Mail an den Kindergarten zu schicken – hier lädt ein „E-Mail"-Button dazu ein. Ein optischer „Hingucker" sind die kleinen animierten Grafiken (laufende Gummistiefel!), passend zum Thema. Die Farbgebung der Seite bildet mit der Farbe grün eine stimmige Abrundung dieses gelungenen Internet-Auftritts.

Das Design – die optische Gestaltung der Website
Über Geschmack lässt sich bekanntlich streiten. Es gibt jedoch bestimmte Kriterien, die bei der Gestaltung der Website berücksichtigt werden sollten. So ist ein eher sparsamer Einsatz von Grafiken, Bildern und Fotos zu empfehlen, da die Seite sonst unübersichtlich wird und die Ladezeit entsprechend lang ist. Internet-Nutzer lesen lange Texte sehr ungern, da dies am Bildschirm anstrengend ist. Am besten kommen Texte an, die komprimiert die wichtigsten Informationen enthalten und übersichtlich gestaltet sind. Aber nicht nur über die Texte, sondern auch über das Design können Inhalte transportiert werden. Versetzen Sie sich in Ihre Besucher: Was interessiert sie, wenn sie sich eine Kindergarten-Website anschauen? Wie können Sie das Blättern in Ihren Seiten – über die reine Information hinaus – interessant und ansprechend gestalten? Wo wollen Sie Bilder einfügen, wo nicht? Entscheiden Sie sich für eine einheitliche Farbe und Darstellung Ihrer Hyperlinks. Überschriften sollten deutlich erkennbar und farblich einheitlich sein.
Beispiele für Buttons, die angeklickt werden können, um auf eine „Unterseite" zu gelangen:

Publikmachen der Website
Wenn Ihre Website im Internet steht, muss sie auch bekannt gemacht werden. Personen und Institutionen, die mit Ihnen in Kontakt stehen oder die Sie neu ansprechen wollen, werden über Ihre Website informiert. Auf Dauer gehört die neue Internet-Adresse auf alle Schriftstücke Ihrer Einrichtung – vom Briefbogen bis hin zum Anmeldeformular. Lassen Sie Ihre Website außerdem bei allen

wichtigen Suchmaschinen registrieren. Dazu wählen Sie die jeweilige Suchmaschine an und suchen dort nach einem Link, der auf die Websiteanmeldung hinweist. Einige Suchmaschinen wie etwa AOL, Lycos oder Fireball unterhalten selbst thematisch sortierte und redaktionell betreute Linklisten (dies sind Webkataloge, in die es sich lohnt, aufgenommen zu werden!).
Richten Sie zudem eine Linkseite ein, auf der Sie andere Websites vorstellen. Schreiben Sie, worum es auf den Seiten geht und was Ihnen besonders daran gefällt. Andere Anbieter nehmen vielleicht Ihre Website in ihre Linksammlung auf und empfehlen sie weiter. Man kann auch aktiven „Linktausch" betreiben, sich mit Interessierten oder anderen Einrichtungen absprechen und gegenseitig empfehlen.
Wichtig ist, dass Sie bei Ihrem Internetauftritt auch rechtliche Aspekte bedenken, z. B. können Texte oder Bilder, die Sie auf Ihrer Website veröffentlichen, urheberrechtlich geschützt sein.

Wer kümmert sich um die Website?
Wenn Sie eine Website gestaltet und im Internet veröffentlicht haben, stellt sich noch die Frage, wer die Seiten „pflegt", d. h. immer wieder aktualisiert. Auch die anfallende Mail-Korrespondenz muss von einer Person übernommen werden. Die Person, die diese Aufgaben erledigt, bezeichnet man als „Webmaster".
Im Internet stößt man immer wieder auf Websites, die über längere Zeit nicht aktualisiert wurden. Seiten, die ein ganzes Jahr lang nicht überarbeitet wurden, können mittlerweile falsche Daten enthalten. So kann es z. B. durchaus sein, dass sich das Team verändert oder die Leitung gewechselt hat. Auch die Präsentation eines Projekts, das bereits längere Zeit zurückliegt, kann Erwartungen bei Eltern wecken, die dann möglicherweise nicht erfüllt werden. Das regelmäßige Aktualisieren der Website ist also ein wichtiges Thema für die Teambesprechung!

5. Intranet – Netzwerk von Gemeinde oder Träger

Das Intranet gleicht dem Internet insofern, als auch hier mehrere Computer miteinander verbunden sind und so der Austausch von Daten möglich wird. Große Firmen nutzen diese Form des Datenaustauschs, um z. B. Zweigstellen firmeninterne Informationen zugänglich zu machen. Lange Informationswege über die Post können auf diese Weise umgangen werden.

Auch im Sozialbereich ist ein solches Netzwerk sinnvoll. Eine bestimmte Auswahl von PC-Arbeitsplätzen (z. B. alle städtischen Kindergärten) hat beispielsweise über ein städtisches Intranet Zugriff auf Informationen des entsprechenden Servers. Kindergärten können miteinander kommunizieren, haben Zugang zu bestimmten Themen oder Stellen, die für ihre Arbeit wichtig sind. Gerade in größeren Städten mit vielen Einrichtungen eines einzelnen Trägers sind die Informationswege oft sehr unübersichtlich. Hier kann das Intranet zu schneller Informationsweitergabe und enger Kooperation erheblich beitragen. Zusätzlich kann auch ein „Wissenspool" mit wichtiger Fachliteratur, Artikeln aus Fachzeitschriften, Fortbildungsangeboten, Adressen etc. angelegt werden, der den ErzieherInnen der verschiedenen Einrichtungen zugänglich ist und gemeinsames Lernen ermöglicht.

VII. Gefahren des Internets für Kinder

Kinder und Jugendliche sind Mediennutzer. Sie kommen mit dem Surfen im Netz meist schnell zurecht. Besonders im Vorschulalter sind Internet-Kenntnisse allerdings davon abhängig, ob der elterliche Haushalt über einen Computer mit Internet-Anschluss verfügt und die Kinder Zugang dazu haben. Die meisten Untersuchungen zur Internetnutzung von Kindern befassen sich mit der Altersgruppe ab 6 Jahren. Es ist also davon auszugehen, dass Vorschulkinder eher selten ohne Begleitung Erwachsener Internet-Erfahrungen machen.

Medienkompetenz

Kinder sind spontan und unvoreingenommen, sie machen sich keine Gedanken über drohende Gefahren oder schädliche Einflüsse. Um sie vor den Gefahren des Internets zu schützen, ist es wichtig, ihnen schon frühzeitig einen kompetenten Umgang mit diesem Medium zu vermitteln. Eine solche Medienkompetenz hilft ihnen, reale und virtuelle Welt auseinander zu halten und zwischen wahllosem Surfen im Netz und kritischem Navigieren zu unterscheiden. Dies sollte natürlich vor allem Aufgabe des Elternhauses sein; Eltern haben hier (und das gilt für die Nutzung aller Medien) eine wichtige Vorbild-Funktion. Im Kindergarten legen wir erste Grundsteine, indem wir die Kinder an unserer Arbeit mit dem Computer teilhaben lassen und sie spielerisch an einen bewussten Umgang mit dem Internet heranführen.

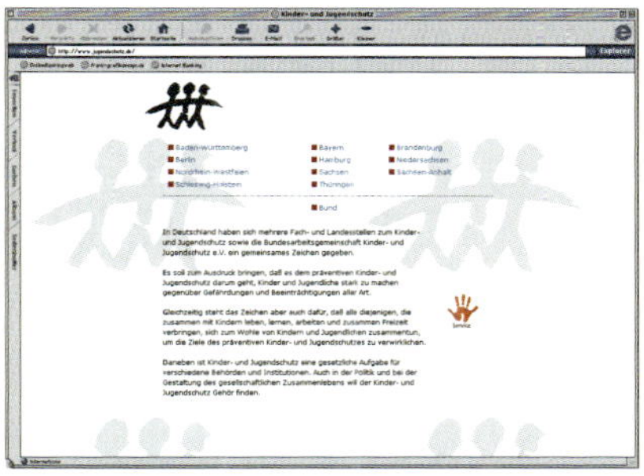

Kinder- und Jugendschutz

Kinder brauchen Schutz vor Bildern, Texten oder Filmsequenzen im Internet, die ihnen Angst machen oder ihnen anderweitig Schaden zufügen können. Dies regeln vor allem das Gesetz zum Schutz der Jugend in der Öffentlichkeit (JÖSchG) sowie das Gesetz über die Verbreitung jugendgefährdender Schriften und Medieninhalte (GjSM). Wir Erwachsenen stehen darüber hinaus in der Verantwortung, diskriminierende, kinderpornografische oder Gewalt verherrlichende Seiten, auf die wir im Internet stoßen, anzuzeigen. Etliche Organisationen befassen sich mit dem Thema Jugendschutz im Medienbereich und können jederzeit informiert werden.

Unter den Suchbegriffen „Jugendschutz" oder „Jugendschutz im Internet" finden Sie über Suchmaschinen ein Fülle von Adressen, an die Sie sich wenden bzw. wo Sie wichtige Informationen zum Thema einholen können (z. B. *www.jugendschutz.net*). Ebenfalls finden Sie dort (Eltern-) Tipps zum Umgang mit der Internetnutzung von Kindern, z. B.:

- Bevor Sie mit Ihrem Kind einen Rundgang durch das Netz machen, sollten Sie sich selbst über das Angebot für Kinder informieren. Verlassen Sie sich dabei nicht auf die Empfehlungen anderer!
- Verlassen Sie sich ebenfalls nicht auf so genannte Filtersoftware (das sind Programme, die kinder- und jugendgefährdende Inhalte „herausfiltern", indem sie die Web-Seiten nach vorgegebenen Schlagwörtern und Kriterien durchsuchen). Diese Filterprogramme (z. B. CyberPatrol) funktionieren nur bei korrekter Konfiguration und sind selbst dann nur eingeschränkt sicher.

Sichten Sie als ErzieherInnen das Angebot an Kinderseiten im Netz, empfehlen Sie diese ggf. weiter und weisen Sie Eltern in Ihrer Kindergartenzeitung, in Elternbriefen, an Elternabenden oder im persönlichen Gespräch immer wieder auf das Thema Jugendschutz und Medien hin.

VIII. Nutzung des Internets mit Kindern

Bausteine eines Online-Projektes *(Jutta Eichhorn)*

Das im Folgenden beschriebene Online-Projekt soll Möglichkeiten eröffnen, mit den Kindern spielerisch das Internet zu erkunden. Es gibt eine erste Orientierung darüber, was Kommunikation mit und ohne Computer in einer vernetzten Welt bedeutet. Immer wieder vermitteln und üben wir dabei auch ganz ohne PC. Für die Kinder wird so deutlich, dass der Computer ein Instrument ist, das wir selbstbestimmt einsetzen können. Während diese Spiele und Übungen zum Teil mit größeren Gruppen durchgeführt werden können, sollten vor dem PC in der Regel nur 3 oder 4 Kinder mit der Erzieherin sitzen.

Für die Projektplanung sind folgende Vorüberlegungen wichtig:

- Wer soll an dem Online-Projekt teilnehmen?
- Welche Ziele sollen erreicht werden?
- Wie lange und wie intensiv soll das Online-Projekt stattfinden?
- Wie soll die Arbeitsorganisation gestaltet sein?

Als Beispiel schlagen wir einen vierwöchigen Verlauf vor. Die einzelnen Wochen (oder Arbeitsphasen) werden jeweils unter ein besonderes Motto gestellt:

1. Die Welt umspannt von einem großen Netz
2. Wir surfen durch das Netz
3. Wo man im Computer zu Hause ist – My homepage is my castle!
4. Die Post kommt über das Internet

Wie gehen wir vor?

In jeder Woche (Phase) sollte es möglichst einen Termin mit der gesamten Gruppe geben. Das Thema wird

Praxistipp:

Da das Thema „Computer und Internet" seitens der Erwachsenen häufig mit großen Vorbehalten verbunden ist, ist die Durchführung eines Elternabends im Vorfeld sinnvoll. Neben Informationen über den Projektverlauf müssen die Ziele des Projektes genau formuliert sein. Für die unten aufgeführte Projektfolge sind dies folgende Schlagworte: Medienkompetenz, Ich-Stärke, Orientierung, Zielfindung, technische Kompetenz, ggf. thematischer Schwerpunkt.

Das Thema „Internet" bietet in der Regel Anlass, sich über den Erziehungsauftrag von ErzieherInnen und Eltern auszutauschen. Zentral ist hierbei die Frage: Was wird in Zukunft auf unsere Kinder zukommen und wie wollen wir sie auf dieses, für uns heute nicht vorhersehbare Leben vorbereiten?

Außerdem kann man die Eltern auf mögliche Gefahren der Internetnutzung hinweisen und ihnen Materialien empfehlen. So haben z. B. die Kinderschutzzentren ein 19-seitiges Heft „Kids Online – ein Ratgeber auch für Eltern" zum Thema entwickelt (*www.kinderschutzzentren.org*; Kinderschutz-Zentren, Sochernstr. 55, 50672 Köln).

Ein weiterer nützlicher Link-Tipp für Eltern: *www.internet-abc.de*. Die Eltern-Seite lässt sich auch zur Vorbereitung auf den Elternabend nutzen.

zunächst gemeinsam besprochen und erarbeitet. Anschließend finden Sitzungen in kleineren Gruppen vor dem Computer statt.
Sinnvoll ist es, während des gesamten Internet-Projektes ein Schwerpunktthema inhaltlich zu bearbeiten. Als Schwerpunkt bietet sich z. B. interkulturelles Lernen an (Thema: die Menschen auf dieser Welt), aber auch Freundschaft (Thema: Kommunikation und Austausch mit Freunden). Auch Sachthemen, die ggf. zu dieser Zeit im Kindergarten behandelt werden (Kunst, Tiere, Märchen etc.), eignen sich, weil man hierzu Informationen im Internet finden kann. Außerdem hat man dann einen Anlass, mit verschiedenen Teilnehmern im Netz zu diesem Thema zu kommunizieren. So kann man z. B. Nachfragen an Eltern, Freunde und Fachleute richten, aber auch mit einem anderen Kindergarten in Austausch treten. Hat man ein solches Thema ausgewählt, fällt es den Kindern leichter, die verschiedenen Arbeitsverfahren mit dem Computer in einen Zusammenhang zu bringen und zu erkennen, wo der spezifische Nutzen der einzelnen Methoden liegt.

Ziele des Online-Projektes

Für den Themenschwerpunkt „Interkulturelles Lernen/Freundschaft" lassen sich folgende Ziele formulieren:

- Kinder lernen verschiedene technische Abläufe kennen (digitale Fotos machen, Bilder, Gegenstände u. a. scannen).
- Kinder lernen soziale Fertigkeiten (Briefe schreiben, Sachinformation erfragen etc.).
- Kinder denken über sich und ihr Umfeld nach: Wo kommen wir her? Wie sieht unsere Umgebung aus? Wie leben wir?
- Kinder lernen ihre Heimat schätzen.
- Kinder lernen – im geschützten Umfeld – neue Menschen/Freunde kennen, erfahren etwas über deren Bedürfnisse, Wünsche und Hoffnungen.
- Kinder erleben sich als wichtigen, mitgestaltenden Teil der Weltbevölkerung.
- Kinder erfahren etwas aus einem fremden Land.
- Kinder lernen die Bedeutung von Fremdsprachen kennen.
- Kinder lernen Sprachbarrieren zu überwinden.
- Kinder lernen die Bedeutung, Schwierigkeiten und Vorteile von Online-Freundschaften kennen und einschätzen.
- Mädchen und Jungen werden am Projekt gleichermaßen beteiligt.
- Ein Grundstein für mögliche künftige persönliche und berufliche Interessen wird gelegt.
- Kinder, denen zu Hause kein PC zur Verfügung steht, können konkrete Medienerfahrungen machen.

1. Die Welt – umspannt von einem großen Netz

Materialien

viele Wollknäuels
Wollfäden
Globus
Klebepunkte
Netz
Papier und Stifte
große Pappe

Name und Adresse

In dieser ersten Übung setzen sich die Kinder im Kreis hin. Gemeinsam reden wir darüber, was ein Name und eine Adresse ist. Wer gibt uns unseren Namen? Wie heißt jeder Einzelne? Wie gefällt uns unser

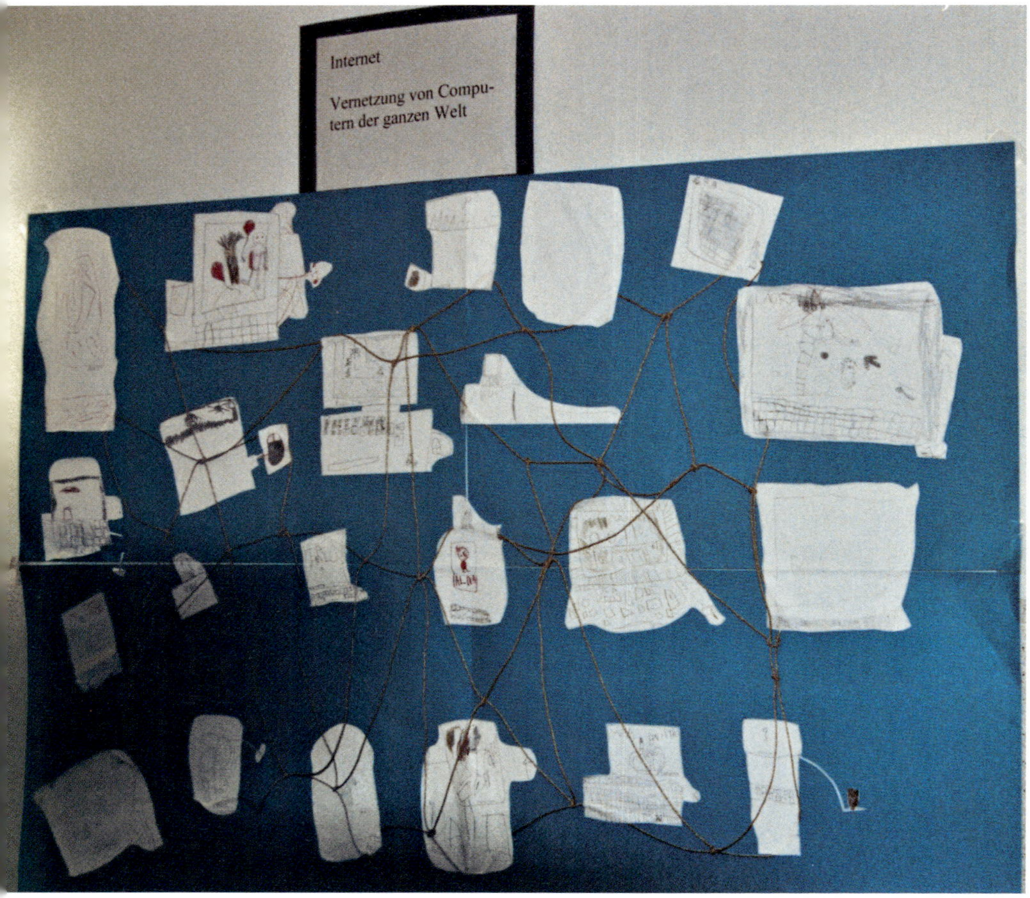

Name? Was kann man mit Namen machen? Wer kennt unseren Namen? Etc.
In einer zweiten Runde finden wir gemeinsam heraus, was eine Adresse ist und was sie für uns bedeutet. Die Kinder lernen, dass es wichtig ist, einen Namen und eine Adresse zu haben. Dass man sie seinen Freunden mitteilt und dass durch das gegenseitige Ansprechen ein Kontakt entsteht. So können wir Freundschaften haben, etwas erfahren, uns streiten und zu Lösungen kommen.

Ein Netz aus Wollfäden

Jetzt probieren wir, wie ein großes Netz entstehen kann. Die Kinder stellen sich im Kreis auf. Viele der Kinder haben ein Wollknäuel in der Hand. Ein Kind beginnt: „Ich bin der Dirk, wer bist du?“ Er hält das eine Ende des Wollknäuels in der Hand und wirft es durch den Raum zu einem Freund. Dieser fängt das Knäuel auf und sagt: „Ich bin der Marc, wer bist du?“ Marc hält dann den Faden fest und wirft das Knäuel wieder weiter. Auch die anderen rufen ihre Namen und werfen die Wollknäuels weiter. Schließlich sind viele Fäden zwischen den Teilnehmern des Kreises gespannt. Sie stellen Verbindungen von einer Adresse zur anderen dar. Für alle Beteiligten zeigt sich so, dass auch das Internet Verbindungen zwischen einzelnen Teilnehmern im Netz schafft. Von einer Person mit einem Namen und einer Adresse ausgehend wird eine Verbindung hergestellt. Das Kind selbst wählt dabei den Ansprechpartner aus. Viele Teilnehmer am Internet tragen so zu einem virtuellen Netz von Freunden bei. Diese Übung ist mit viel Lärm und Bewegung verbunden. Sie macht allen Beteiligten großen Spaß!

Globus im Netz

Zur Verdeutlichung wird nun ein Globus in die Kreismitte gestellt. Die Kinder benennen Erdteile, die sie kennen, und können herausfinden, wo sie selbst wohnen. Welche anderen Menschen auf dieser Welt kennen sie noch? Wohin sind ihre Eltern oder Großeltern schon einmal gereist? Welche Freunde haben sie an verschiedenen Orten auf der Welt? An verschiedenen Stellen des Globus werden Klebepunkte angebracht. Nun bringt die Erzieherin ein großes Netz. Sie legt es über den Globus und zeigt noch einmal, wie die Welt von dem großen Netz umspannt ist. Die Klebepunkte, aber auch die anderen Knotenpunkte des Netzes sind die Menschen, die überall auf der Welt an ihren Computern sitzen und durch das Internet verbunden sind.

Ich male einen Computer

Jetzt malt jedes Kind einen Computer. Was gehört zu einem Computer? Welche Teile brauchen wir, um mit anderen Computern Kontakt herstellen zu können? Die gemalten PCs und ihre Teile werden ausgeschnitten. Die Kinder kleben auf eine große Pappe ihre Computer auf. Von einem PC zum nächsten werden nun Wollfäden geklebt. So zeigt sich auch auf dem Wandbild, wie die Computer der Kinder untereinander vernetzt sind.

Praxistipp:
Dieses Thema kann durch die im Erziehungsalltag gebräuchlichen Materialien angereichert werden. So bieten sich Lieder und Gedichte an, die das Thema „Welt" zum Inhalt haben (z. B. Detlev Jöcker: „Wir sind alle Kinder dieser Erde") oder auch Bücher, die das Thema „Menschen und Kulturen auf dieser Welt" behandeln. Letztlich kann und soll an vielfältige Alltagserfahrungen der Kinder angeknüpft werden.

2. Wir surfen durch das Netz

Für unsere ersten Surfversuche brauchen wir einen internetfähigen, angeschlossenen PC. Erste Versuche können von den ErzieherInnen allein unternommen werden. Es ist aber auch möglich, das Netz gemeinsam mit den Kindern zu erkunden.

„Ich surfe zu ..."

In der großen Gruppe erläutern wir den Begriff „Surfen". Denn das Surfen auf dem Meer ist natürlich etwas ganz anderes als Surfen durch das Netz. Alle Kinder stellen sich im Kreis auf. Ein Kind ruft: „Ich bin online, ich surfe zu ...". Dann läuft es zu dem ausgewählten Kind. Es läuft aber nicht direkt, sondern lässt sich von den imaginären Wellen im Netz treiben und läuft kreuz und quer durch den Kreis, bis es seinen ausgewählten Adressaten erreicht. Zum Schluss kann man mit den Kindern darüber sprechen, wie man es trotz des „Herumtorkelns" schaffen kann, den ausgewählten Freund zu erreichen. Die Kinder lernen, dass es gut ist, sich ein Ziel vorzunehmen. Trotzdem kann es Spaß machen, ein wenig links und rechts zu schauen und den Weg zu diesem Ziel zu genießen.

„Unsere Startseite"

In Kleingruppen gehen die Kinder an den PC, schalten ihn ein und suchen das Logo, das den Internetzugang gestattet. Sie klicken sich, soweit sie können, durch. Müssen Passwörter eingegeben werden, hilft die Erzieherin weiter. So gelangen wir zur Startseite, die wir uns genau anschauen. Welche Symbole sind zu sehen? Was verbinden die Kinder mit den einzelnen Bildern? Was könnte sich dahinter für eine Funktion verbergen? Kann man diese Bilder nachmalen? Wo kommen ähnliche Dinge in unserem Alltag vor? Unter dem Motto „Achtung, fertig, los – unsere Startseite" können die Kinder eine Collage gestalten. Dazu können sie aus alten Internetzeitungen Symbole ausschneiden oder auch selber welche malen.

Internet-Adressen

Nun schauen wir uns das Feld, in das die Adresse eingegeben wird, genauer an. Wieder sprechen wir darüber, wofür eine Adresse gut ist. Wen oder was wollen wir denn nun im Netz finden und wie kommen wir dorthin? Für einen ersten Versuch eignen sich besonders die folgenden Seiten:

- *www.die-maus.de* bzw. *www.wdrmaus.de*
  Hier findet man alles rund um die Maus und den kleinen Elefanten. Mit Links zu den Sachgeschichten, die einmal in der Sendung zu sehen waren.
- *www.tivi.zdf.de/tivi*
  Hier gibt es Informationen zu den Sendungen Löwenzahn, Siebenstein, Tabaluga und vieles mehr, zum Beispiel eine Nachrichtensendung für Kinder.
- *www.kindernetz.de*
  Die Kinderseite des Südwestrundfunks bietet ebenfalls viele interessante Angebote und Spiele. Es gibt sogar einen Chatroom für Kinder.
- *www.geolino.de*
  Die Kinderzeitung Geolino hat hier Informationen über Natur, Technik und Tiere ins Netz gestellt. Zum Teil sind Tiere sogar mit WebCam-Aufnahmen zu beobachten.
- *www.lego.de*
  Neben Produktinformationen finden sich Spiele und Kurzfilme sowie Wettbewerbe.
- *www.tkkg.de*
  Die Fans von TKKG können sich hier treffen und man kann auch ganz neue TKKG- Folgen lesen.
- *www.polizei.propk.de/kids*
  Hier gibt es Informationen für Kinder, die die Polizei ins Netz gestellt hat.

Gemeinsam auf der Website

Die Kinder kennen die Inhalte der Websites und freuen sich, wenn sie auf Bekanntes stoßen. Die Seiten können gemeinsam erkundet werden. Die Erzieherin liest den Kindern vor, was auf den einzelnen Buttons steht und gemeinsam überlegen die Kinder, welchen sie anklicken wollen. Die Erzieherin kommentiert das Surfen der Kinder z. B. mit den Worten: „Wollen mal sehen, wo uns das hinführt. Oh, das hat aber gut geklappt, wo sind wir denn jetzt hingekommen? Nein, dieser Link, also diese Verbindung führt uns irgendwie nicht weiter. Hat einer von euch eine Idee, wie wir jetzt weitermachen sollen?" usw. Dabei wird deutlich, dass es auch für die Erwachsenen stete Suche und Neuorientierung bedeutet, wenn sie ins Netz gehen. Die Kinder erkennen, dass durch Lesen und Nachdenken die Inhalte der Seiten erschlossen werden können. Auch der Umgang mit Fehlern oder nicht funktionierenden Websites kann so vorgelebt werden. Die Kinder können auch angeregt werden, die Inhalte der Seiten kritisch zu kommentieren. Dies gilt insbesondere für die zahlreichen Webshops, auf die man stößt.

Exkurs: Shoppen im Netz

Man spricht mit den Kindern darüber, wie Einkaufen funktioniert. Sie können viel berichten über den Laden an der Ecke oder die neue Jeans, die sie in der Stadt bekommen haben. Nun surft man zu den Webshops der genannten Websites. Hier schaut man gemeinsam die Warenauslage an und überlegt laut und gemeinsam, welche Waren dort angeboten werden, welche Vorteile sich mit diesen Gegenständen verbinden und wie man sie denn nun eigentlich erhalten kann. Ggf., wenn die Kasse der Einrichtung es zulässt, kann exemplarisch eine Ware per Internet bestellt werden. Die Kinder können auch sammeln, um gemeinsam eine Ware zu erwerben (Dieses Vorgehen muss gut mit den Eltern abgestimmt sein, damit deutlich wird, dass die Maßnahme ein pädagogisches Ziel hat.). Der erworbene Gegenstand kann dann in der Folge als Maskottchen des Projektes eingesetzt werden.

Weitere Fragen könnten sein: Wie gelangt die Ware zu uns? Welche Funktion hat das Geld? In einem weiteren Schritt überlegen die Kinder dann vor dem PC, wie denn nun der Tausch Ware gegen Geld hier funktioniert. Es ist wichtig, deutlich zu machen, dass, genau wie in einem richtigen Laden, der Kauf gut überlegt sein will. Ist mir das, was ich bekomme, wirklich etwas wert oder werde ich es bald nach dem Kauf wegwerfen?

Praxistipp:

Im Zusammenhang mit diesem Thema lassen sich alle konsumkritischen Materialien verwenden, die auch in anderen Projekten zum Einsatz kommen. Ein Rollenspiel im Kaufladen der Einrichtung verdeutlicht ggf., wie üblicherweise Einkaufen funktioniert.
Neben den angebotenen Spielen stellen die verschiedenen Wettbewerbs-Ausschreibungen der Kinderseiten eine Besonderheit dar. Die Kinder können z. B. zu einem bestimmten Thema an einem Malwettbewerb teilnehmen. In der Regel erhält man, egal, ob man gewinnt oder nicht, eine Rückmeldung. Die Kinder erfahren so, dass ihre Aktionen im Netz auch Wirkungen haben. Häufig werden die Bilder auch in einer Galerie allen Nutzern zugänglich gemacht.

Eine Maschine, die beim Suchen hilft?

So genannte Suchmaschinen helfen, unter all den Millionen Text- und Bildseiten im Internet die richtigen herauszufinden. Für ErzieherInnen eignet sich die Suchmaschine *www.google.de*. Sie hilft schnell und unproblematisch, wenn man das, was man sucht, geschickt mit Stichworten einkreist. Mit den Kindern nutzt man am besten die Suchmaschine *www.blinde-kuh.de*.

Die Geschichte von Tom und Katinka, die die Suchmaschine suchten

Eines Morgens trafen Tom und Katinka im Kindergarten ein. Sie hatten von ihrer großen Schwester Jenni gehört, dass sie eine Suchmaschine habe. Auch beim Frühstück hatte Jenni die beiden damit geärgert. „Ich bin eben keine blinde Kuh", hatte sie auf dem Weg in die Schule noch gerufen. Immer tat Jenni so großartig! So eine Suchmaschine bräuchten sie auch, fanden Tom und Katinka. Sie überlegten, wie oft ihnen Dinge fehlten und wie toll es sein könnte, wenn sie dann eine Suchmaschine hätten. Auch für die Eltern könnte das nützlich sein, denn wie oft suchte die Mutter ihren Schlüssel, weil sie ihn verlegt hatte! Die beiden saßen auch beim zweiten Frühstück im Kindergarten zusammen und überlegten: Was könnte das nur sein und wieso hatte Jenni etwas von einer blinden Kuh erzählt?
„Wollt ihr mit uns spielen?", fragte die Erzieherin Annette. „Nein, wir suchen die Suchmaschine", sagten Tom und Katinka, „weißt du wo sie ist?". Annette runzelte die Stirn. „Eine Suchmaschine, nein, aber sagt mir bitte Bescheid, wenn ihr sie gefunden habt. Das ist eine sehr nützliche Einrichtung".
„Wir müssen überlegen, wie eine solche Maschine aussieht", sagte Tom. Katinka machte eine Zeichnung. „Schau mal, so könnte eine Suchmaschine aussehen. Hier sind die Arme und hier mit dem Rüssel kann die

Maschine alles suchen. Sie kann schauen, tasten, riechen, schmecken und hören, vielleicht kann sie auch mit uns reden und mit dem Rüssel alles aufsaugen oder mit den Fangarmen aufheben. Dann kann sie uns das bringen, was wir gesucht haben." „Toll", lobte Tom. „Komm, lass uns suchen." Sie überlegten, welche Maschine sie kannten, die ungefähr so aussah: Eine Kaffeemaschine, eine Zahnputzmaschine, ein Wäschetrockner? Nein, am nächsten kam ihrer Vorstellung noch ein Staubsauger. Sie schlichen über den Flur. Als niemand hinsah, huschten sie in die Putzkammer. Dort hatten die Kinder eigentlich nichts zu suchen. Aber bei so einem wichtigen Anlass durften sie bestimmt eine Ausnahme machen. Sie setzten sich vor den Staubsauger und kicherten: „He, Staubsauger, hast du vielleicht einen Freund, der eine Suchmaschine ist?" Natürlich hatten sie nicht geglaubt, dass der Staubsauger wie im Märchen mit ihnen reden würde – aber so eine ganz kleine Hoffnung, dass er ihnen weiterhelfen könnte, hatten sie doch gehabt.
„Tom und Katinka", hörten sie ihre Namen rufen. Erwischt! Nun kam Sabine, die Erzieherin, um die Ecke. „Was macht ihr denn hier?" Da hatte Katinka einen Einfall. Statt die Frage zu beantworten, platzte es aus ihr heraus: „Kennst du eigentlich die blinde Kuh?" Sabine stutzte. Sie brauchte einen kurzen Moment, um die Kinder zu verstehen. Sicherheitshalber ließ sie sich die ganze Geschichte noch einmal erklären. Dann verließen sie erst einmal die unbequeme Kammer. Die Kinder mussten in ihrer Gruppe Bescheid sagen, wo sie hingingen. Kurze Zeit später saßen sie mit Sabine vor dem Computer und gingen gemeinsam ins Internet. „Jetzt geben

wir hier einmal ‚blinde Kuh' ein." Es war ein Glück, dass Sabine schreiben konnte. Nach kurzer Zeit erschien eine Seite mit vielen Kästchen und Text auf dem Bildschirm. „Hier", sagte Sabine, „das ist eure Suchmaschine!" Tom und Katinka waren sehr überrascht und auch ein kleines bisschen enttäuscht. Das war ja langweilig. So viel Text und gar keine richtige Maschine! Außerdem, was konnte dieses Ding im Computer wohl für sie finden? Einen Schlüssel, den Mama verloren hatte, sicher nicht. Dann erzählte Sabine: „Wisst ihr, im Internet gibt es unvorstellbar viele Seiten und Informationen, Bilder und Filme. Nun haben alle Menschen im Netz das Problem, dass sie ganz bestimmte Seiten und Informationen finden wollen. Und das ist wirklich schwer. Also haben kluge Erfinder die Suchmaschinen konstruiert. Sie suchen in rasender Geschwindigkeit alle Seiten durch und weisen genau auf die hin, die man braucht. Die ‚blinde Kuh' ist für Kinder gemacht. Daher kommt man von hier aus auch auf interessante Hinweise und Themen wie z. B. Ritter oder Ägypter. Außerdem kann man sich Spiele auf den eigenen PC herunterladen oder auch Links zu weiteren Suchmaschinen finden. Natürlich klappt das nur in der Internetwelt und nicht in unserer wirklichen Welt. Hier muss man leider weiterhin auf seine Sachen aufpassen und Ordnung halten, damit man die Dinge wieder findet. ‚Blinde Kuh' ist doch ein witziger Name, denn wenn man diese Suchmaschine kennt, ist man eben keine blinde Kuh im Netz", schloss Sabine ihre Erklärungen.
Mit viel Spaß surften Tom und Katinka nun von der „blinden Kuh" zu anderen Seiten. Anschließend erzählten sie Annette und den anderen Kindern von der Suchmaschine. Abends verbanden sich Tom und Katinka gegenseitig mit einem Schal die Augen. Als Jenni nach Hause kam, schwirrten sie um sie herum und riefen: „Ich kenn die blinde Kuh, buh buh buh". Jenni schüttelte den Kopf. Sie fand, es war nicht leicht mit kleinen Geschwistern. Aber dass die nun wussten, wo sie die blinde Kuh finden konnten, fand sie toll.

Was suchen wir?

Die Erzieherin gibt mit den Kindern die Webanschrift ein. Nun taucht die Suchmaschine auf. Gemeinsam überlegt die Gruppe, was sie im Internet finden möchte. Hat man ein übergeordnetes Thema ausgewählt, eignen sich Begriffe oder Fragestellungen aus diesem Bereich. Aber auch allgemeine Themen, die die Kinder bewegen, lassen sich suchen. Die Vorschläge der Kinder sind oft nur zum Teil umsetzbar. Auf diesem Weg kann man mit ihnen herausfinden, was man eben nicht im Netz tun und finden kann. Der Computer als eine mögliche Quelle von Information und als Medium für Recherchen wird bewusst gemacht.

Mögliche Schwierigkeiten

Das Finden bestimmter Inhalte und Informationen im Netz ist häufig eine schwierige Sache. Es ist wichtig, dass die Kinder erleben, dass die Suche mit Anstrengung verbunden sein kann und die Suchergebnisse nicht von allein ins Haus fliegen. Findet man das, was man sucht, nicht auf Anhieb, so kann das verschiedene Ursachen haben. Vielleicht hat man den falschen Weg eingeschlagen, eventuell gibt es aber auch das, was man sich vorstellt, einfach (noch) nicht im Netz. Die Erzieherin sollte immer wieder vorschlagen, es noch einmal auf einem anderen Weg zu versuchen. Auch die Kinder können überlegen, welche weiteren Möglichkeiten noch bestehen oder welche Alternativen der Informationsbeschaffung es gibt.

Die Freude, die mit dem Finden spannender Seiten verbunden ist, und der Spaß, der dann z. B. beim Spielen entsteht, sind positive Motivation für die Kinder, ihre kognitiven Fähigkeiten zu entwickeln. Sinnvoll ist es, die Such- und Arbeitsergebnisse auszudrucken und in einer Mappe zusammenzustellen oder an einer geeigneten Wand für die Dauer des Projektes auszustellen.

Praxistipp:
Im Zusammenhang mit dem Thema Informationsbeschaffung kann z. B. auch die städtische Bücherei besucht werden. Wie kann man in einer Bücherei etwas finden? Welche Bücher gibt es zu dem Thema, das wir gerade besprechen? Häufig verfügen Büchereien bereits über einen Internetanschluss, der mit den Kindern genutzt werden kann. Dies ermöglicht auch Kindern, die keinen Computer zu Hause haben, die Nutzung von PC und Internet.

3. Wo man im Computer zu Hause ist – My homepage is my castle!

Vorbemerkungen

Die folgende Projektphase zur Erstellung einer Homepage ist zweigeteilt. Die erste, vorbereitende Phase ist mit wenigen Fachkenntnissen durchführbar. Sie ist für die Vermittlung der gewünschten Kompetenzen wesentlich. Die Kinder reflektieren ihr Verhältnis zum Internet. Sie überlegen, wer sie selbst sind und wie man das im Netz darstellen kann.

Eine zweite Phase ist nicht zwingend und kann ggf. als eigenständiges, umfassendes Projekt durchgeführt werden. Hierzu sucht man sich am besten Unterstützung. So ist z. B. häufig ein Elternteil fachlich in der Lage, die Umsetzung zu begleiten. Auch die Verantwortlichen in den Träger-Organisationen sind häufig an einer Präsentation im Netz interessiert und helfen mit fachlich geschultem Personal aus, wenn Vorarbeiten bezüglich der Inhalte bereits durchgeführt wurden.

Materialien

Bastelmaterialien
alte CD-ROMs
Bindfäden zum Umhängen der Namensschilder
Scanner
Landkarten oder Stadtpläne

Zu Hause auf der Homepage

Zu Beginn der Projektphase sitzen die Kinder in einem großen Kreis. Wir besprechen, was wir bisher erfahren und erlebt haben. Auf was für Seiten kann man eigentlich im Internet stoßen? „Homepage" – was heißt denn „Zuhause"? Die Kinder assoziieren, was sie damit verbinden. Anschließend schauen wir, was davon auch auf das Internet zutrifft. In unserem Zuhause sind die Menschen, die wir besonders gern haben, unsere Familie. Wir erleben dort Vertrautheit und wir richten uns ein. So ähnlich ist das auch bei einer Homepage im Internet.

Über die Suchmaschinen können wir Homepages von anderen Kindergärten und Kitas anschauen. Was verraten uns die Seiten über die Einrichtungen? Häufig sind auch Bilder und Fotos von den Kindern zu sehen.

Exkurs:
Ich bin ich – real und im Netz

Ausgehend von pädagogischen Materialien wie „Das kleine Ich bin ich" von Mira Lobe und Übungen zur Stärkung der Ich-Identität, soll das Verhältnis der Kinder zum Computer thematisiert werden.

Zunächst einmal schauen wir uns unsere Körper genau an: Man ist groß oder klein, dick oder dünn, hat

blaue oder braune, grüne oder graue Augen, unterschiedliche Haarfarben und Haarschnitte. Was haben wir alle gemeinsam und inwiefern unterscheiden wir uns von den anderen Menschen? Jeder von uns ist ein kleines Wunderwerk und einzigartig. Das sollen die Kinder heraushören, wenn wir dieses Thema besprechen. Als Beweis dafür können wir uns auch unsere Daumen ansehen. Sie haben ganz einzigartige Rillen, so einzigartig, dass sie sogar von der Polizei verwendet werden.

Nun gestalten wir alle gemeinsam ein Gruppenbild. Wir drücken unsere Daumen auf Stempelkissen und dann auf ein Blatt Papier. Wir können genau sehen, dass die Rillen alle unterschiedlich sind. Natürlich ist das mit einer Lupe noch besser zu erkennen.

Um das Thema „Individualität" herauszuarbeiten, kann auch mit den Kindern ein Namensschild gestaltet werden. Auf alte CD-ROMs werden Symbole gemalt und Dinge aufgeklebt, die die Kinder besonders schön und interessant finden. Ggf. lässt sich auch der Name der Gruppe, zu der die Kinder gehören, mit verwerten oder der Name des Kindergartens wird mit in das Namensschild eingearbeitet. Falls das Online-Projekt einen besonderen Namen hat, sollte auch dieser auf dem Namensschild nicht fehlen.

Für die nächste Übung wird ein Scanner benötigt. Die Kinder probieren aus, was passiert, wenn sie ihre Hände in den Scanner legen und scannen lassen. Nun ist also das Abbild ihrer Hände im PC – ihre Hand ist aber immer noch da. Was hat die Abbildung noch mit uns zu tun? Was kann die Hand in der realen Welt bewirken und was im Computer?

Wo komme ich her?

Auch diese zentrale Frage können wir als Vorbereitung für den Umgang mit dem Internet klären. Dazu nehmen wir noch einmal den mit dem Netz umspannten Globus zur Hand und suchen, wo wir dort eigentlich zu finden sind. Wir sprechen mit den Kindern über unser Umfeld. Den Bäcker und Metzger, die Nachbarn und Freunde. Vielleicht können wir auch einmal ganz aufmerksam die unmittelbare Umgebung des Kindergartens erkunden oder einen geeigneten Ort in der näheren Umgebung aufsuchen. Ziel der Exkursion ist das Bewusstmachen von Alltäglichem und Besonderem sowie das Wahrnehmen des Vertrauten. Obwohl der Begriff „Heimat" im deutschsprachigen Raum eher verpönt ist, kann er dazu dienen, den Bezug, den die Kinder zu dem Ort haben, an dem sie leben, zu verdeutlichen. Vielleicht können sie auch sagen, warum sie sich in ihrem Lebensumfeld und ihrer Heimat wohl fühlen. Ebenso sind stille Hör- und Fühlübungen geeignet, bei denen die Kinder die Augen schließen und herausfinden, wo sie sich gut oder schlecht fühlen (Park, Straßenkreuzung, neben einem Freund, in einem Hauseingang usw.).

Wir im Netz

Wie wollen die Kinder sich selbst im Netz darstellen? Das ist die zentrale Frage, an der wir nun arbeiten. Zunächst surfen wir zu vielen Seiten von Kindern und Kitas (dorthin gelangen wir über „google" oder über die Website von ‚kindergarten heute'), aber auch noch einmal zu den Websites und Links, die wir bereits erkundet haben. Was wird auf diesen Seiten gezeigt und was möchten auch wir im Internet zeigen?

Was ist uns wichtig?
Ein kleiner Rundgang hilft uns herauszufinden, was uns besonders wichtig am Kindergarten ist. Die Freunde, die ErzieherInnen, die Spielecken, der Garten, ein besonderes Buch, ein Projekt, das wir durchgeführt haben? Wie kann man andere Menschen, wie z.B. die Eltern oder Oma und Opa in der Ferne darüber im Internet informieren?
Zunächst tragen die Kinder alles zusammen, was ihnen wichtig ist. Sie überlegen gemeinsam, wie sie dies im Internet präsentieren können. Dabei ist es sinnvoll, thematische Gruppen zu bilden, so z. B. „unsere Gruppen", „unsere Freunde" etc. Neben Fotos, die vorhanden sind, können auch Bilder gemalt werden. Ebenso können Briefe, die die Kinder verfasst haben, oder kleine Texte, die sie der Erzieherin diktieren, Verwendung finden. Ggf. gibt es auch ein Lied oder ein Gedicht, das die Kinder in letzter Zeit eingeübt haben und das ihnen wichtig ist. Die Materialien werden in der schon erprobten Weise mit dem Scanner bearbeitet und stehen nun für eine Präsentation im Netz zur Verfügung.

Rückmeldung für das Team
Die Kinder äußern sehr deutlich, worin für sie die Werte des Kindergartens bestehen. Diese Erkenntnisse können einen schönen Anlass bieten, im Team über den Auftrag und die Arbeit des Kindergartens zu sprechen. Die Ergebnisse können auch mit einer Gruppe interessierter Eltern diskutiert werden.

Mit den genannten Übungen wird das Ziel, über sich selbst und den Kindergarten nachzudenken und alles, was uns wichtig ist, im PC zu bearbeiten, bereits erreicht. Schön ist es, wenn in einer zweiten Phase die Arbeitsergebnisse tatsächlich im Netz ausgestellt werden können. Dies bedarf in der Regel jedoch zumindest der Abstimmung mit der Leitung bzw. dem Träger der Einrichtung und ist daher langfristiger zu planen.

4. Die Post kommt über das Internet

Material
Briefumschläge

Die Geschichte der Post
In der Einführungsrunde im Kreis halten einige Kinder Briefumschläge in der Hand. Sie rufen: „Ich heiße ... und schicke einen Brief an ..." Ein Kind ist der Postbote. Er holt den Brief bei einem Kind ab und trägt ihn zum nächsten. So wechseln die Briefe ihre Besitzer.
Die Kinder überlegen gemeinsam: Was steht eigentlich in solchen Briefen drin? Wann haben wir selbst schon Briefe bekommen? Haben wir selbst welche verschickt (z. B. zum Geburtstag) oder Karten aus dem Urlaub an die Freunde zu Hause geschrieben oder gemalt?
Man kann den Kindern erklären, wie sich die Geschichte der geschriebenen Mitteilungen entwickelt hat: Von

reitenden Boten über die Postkutsche bis zu dem den Kindern bekannten System mit Briefkästen und dem Briefträger, der die Post bringt. Diesen Ausflug in die Geschichte kann man recht spannend gestalten. Vielleicht lässt sich sogar der Postbote des Bezirks für ein kurzes Gespräch mit den Kindern über die Verteilung der Post und seine Arbeitswelt gewinnen.

Wir schreiben einen Brief

In kleineren Gruppen schreiben die Kinder einen Brief, eine Nachricht oder eine Postkarte an jemanden, den sie kennen: ein Kindergartenkind, das weggezogen ist, eine Erzieherin, die Elternzeit hat, etc. Alternativ kann auch jedes Kind einen kurzen Brief z. B. an die Großeltern schicken. Neben einigen Worten, die die Erzieherin auf Wunsch der Kinder aufschreibt, kann man auch Abbildungen aus Zeitschriften ausschneiden oder selbst gemalte Bilder und Fotos verschicken. Die Briefe werden adressiert, frankiert und zum Briefkasten gebracht. So geht das also mit der Post heute. Interessant ist es auch, die Briefmarken einmal genau anzuschauen. Die sind bunt und erzählen teilweise sogar Geschichten ...

Post per E-Mail

Dann werden Eltern, Freunde und Verwandte der Kinder gesucht, die eine E-Mail-Adresse haben. Auf ein großes Blatt Papier wird der PC des Kindergartens aufgemalt. Darum herum werden die anderen PCs und die Adressen ihrer Besitzer gruppiert. Die Kinder können das ihnen bereits vertraute Bild des Netzes auch in dieser Abbildung wiederentdecken. Die Kinder überlegen, wem sie eine Nachricht schicken wollen und was darin enthalten sein soll. Wiederum hilft die Erzieherin, wenn es um die Eingabe von Text geht. Digitale Fotos, die die Kinder sogar selbst machen können, oder auch gescannte Bilder eignen sich, um sie als Attachment (Anhang) der E-Mail beizufügen. Stehen Scanner und digitale Kamera nicht zur Verfügung (insbesondere die Anschaffung einer digitalen Kamera lohnt sich!), so können auch Bilder auf dem PC gemalt werden. Zum Beispiel ist „Paint" ein von Kindern leicht zu bedienendes Malprogramm, das auf Windows-Rechnern unter „Zubehör" zu finden ist. In einigen Spielen (z. B. „Die Maus CD-ROM 1") sind ebenfalls Malprogramme enthalten, die das Ausdrucken oder auch Versenden abgespeicherter Gemälde zulassen.

Wer antwortet uns?

Es ist wichtig, nun regelmäßig mit den Kindern den E-Mail-Eingang zu kontrollieren. Ist eine E-Mail eingegangen, so holt man sie sich über das Kästchen „Abholen" auf den eigenen PC. Es ist spannend zu lesen, was der andere einem geschickt hat. Hat auch der Freund etwas an die E-Mail angehängt? Manchmal kommt eine E-Mail auch zurück, ohne dass sie den Empfänger erreicht hat. Jetzt müssen alle kontrollieren, wieso das passieren konnte. War vielleicht die Adresse falsch? Oft führt ein erneuter Versuch dann zum Erfolg.

Manchmal lassen Erwachsene außerhalb des Kindergartens die Sensibilität vermissen, E-Mails, die sie erhalten haben, auch zu beantworten. Zunächst kann man noch eine zweite E-Mail hinterherschicken. Kommt dann immer noch keine Antwort, kann die Erzieherin mündlich nachfragen, denn die Kinder sollten auch Erfolge bei ihrem elektronischen Postversand verzeichnen können!

Auch die Websites bieten zum großen Teil einen so genannten Postkartenversand-Service. Geht man z. B. auf die Seite der Maus, so findet man mehrere Postkartenabbildungen. Diese kann man mit einem eigenen Text versehen und an eine bekannte Adresse schicken. Den Kindern macht diese Art des Postkartenversands viel Spaß. Sie erhalten die Information, dass die Nachricht verschickt wurde. Nun müssen sie regelmäßig schauen, ob sie auch Antwort erhalten.

Praxistipp:

Bei diesem Thema scheint die inhaltliche Gestaltung zunächst zweitrangig zu sein. Allerdings ist das Interesse der Kinder viel leichter zu wecken und auch aufrechtzuerhalten, wenn es tatsächlich ein Projektthema gibt. So werden z. B. die Briefe zum Thema „Freundschaft" oder „Menschen auf der Welt" geschrieben. Die Kinder können von ihren Erkundungen berichten, dem Brief- und E-Mailpartner Fragen stellen und ihre Arbeitsergebnisse schildern oder gar schicken.

Die Kinder können auch an die Redaktion einer Zeitung oder Zeitschrift einen kurzen Beitrag über ihr Online-Projekt schicken (dies muss mit der Leitung bzw. dem Träger der Einrichtung abgesprochen sein!). Insbesondere die kleinen Lokalblätter sind häufig bereit, eine solche Zuschrift in einer der nächsten Ausgaben zu berücksichtigen.

5. Internetfest

Ein gemeinsam gestaltetes Internetfest, zu dem auch die Eltern eingeladen werden, rundet das „reale Projekt mit virtuellen Klängen" ab. In der Rückschau wird auch den Eltern noch einmal verdeutlicht, inwiefern der Umgang mit Computer und Internet für die Kinder reale Lebenserfahrung darstellt. Andererseits werden die ersten Erfahrungen der Kinder mit virtuellen (also künstlichen, die Wirklichkeit simulierenden) Welten aufgezeigt. Viele Eltern haben das Internet selbst noch nicht erkundet. Entsprechend freuen sich die Kinder, wenn die Erwachsenen ihre Arbeitsergebnisse bestaunen und ihnen Fragen dazu stellen. Mit großem Hallo kann hier noch einmal die Netzübung aus der ersten Phase wiederholt werden. Falls die Möglichkeit besteht, über den Träger einen LCD- Projektor (Beamer) auszuleihen, kann man auch mit den Eltern gemeinsam im Netz surfen. Dieser Vorgang wird dann auf einer großen Leinwand für alle sichtbar. Auf diesem Wege können auch die anderen Arbeitsergebnisse, z. B. die im Computer gemalten Bilder, die digitalen Fotos, die gescannten Bilder, vorgestellt werden. Wenn möglich sollten die Kinder eine Projektdokumentation erhalten, die auch ihre Arbeitsergebnisse beinhaltet. Diese lassen sich leicht ausdrucken. Ggf. können aber auch die Ergebnisse aller Kinder gemeinsam auf eine CD-ROM gebrannt und vervielfältigt werden.

6. Weitere Ideen und mögliche Projektbausteine

Die Online-Kindergartenpartnerschaft (OKiP@)

Für weiterführende Projekte im Internet ist es sinnvoll, feste Kommunikationspartner zu finden. Der Vorteil kontinuierlicher Kontakte liegt in der Vertrautheit, die die ErzieherInnen, aber auch die Kinder und Eltern aufbauen können. Die Partner im Netz können gemeinsam Lernfortschritte machen und wachsen so in eine Freundschaft und Verbundenheit hinein.

OKiP@ – Vision und Ziele

Eine Gruppe von Kindern des Kindergartens trifft sich regelmäßig in einem „InterNettNest". Spielerisch werden sie dort an wichtige Fachbegriffe herangeführt. Sie schließen eine Online-Kindergartenpartnerschaft

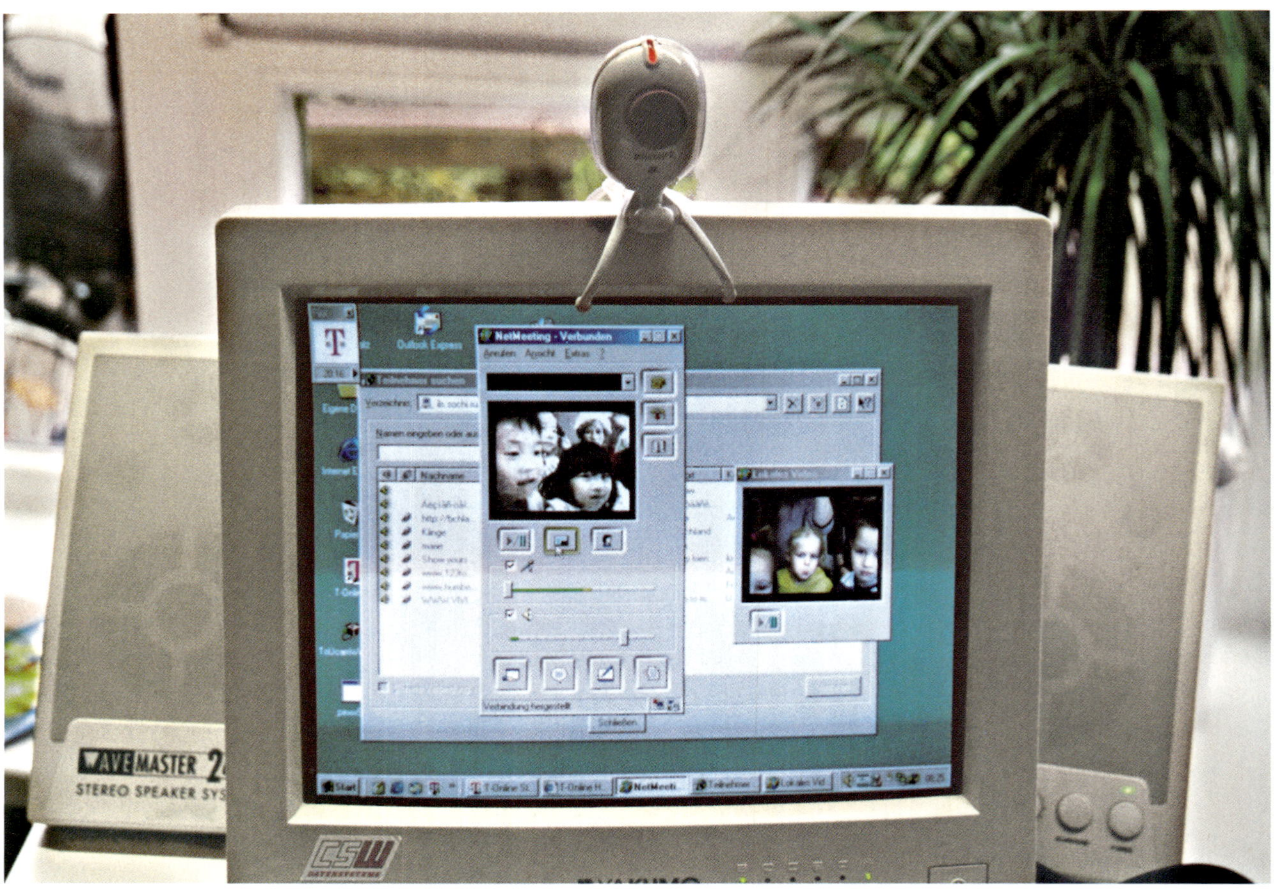

und machen mit einer digitalen Kamera Fotos von sich und den Dingen, die sie den neuen Internet-Freunden zeigen wollen. Sie bereiten Bilder, Sprach- und Gesangsaufzeichnungen vor, die als E-Mail-Attachments versendet werden können. Die Inhalte werden von den Kindern weitgehend selbst bestimmt. Im Umgang mit den E-Mails, die sie erhalten, lernen sie fremde Menschen und Dinge, z. B. auch aus einem anderen Land, kennen. Gemeinsamkeiten und Unterschiede werden deutlich, der Bezug zur eigenen Kultur und Heimat wird spürbar.

Wie man einen Partner für eine OKiP@ findet

Grundsätzlich können sich Online-Kindergartenpartnerschaften auf verschiedensten Wegen ergeben. Reizvoll könnte es z. B. sein, eine Stadt-Land-Online-Kindergartenpartnerschaft zu gründen. Hier entfallen die Schwierigkeiten, aber natürlich auch die Spannung, die mit der Konfrontation mit einer anderen Sprache verbunden ist. Eine **OKiP@** entsteht meist durch persönliche Kontakte. Einen speziellen Anlass könnten auch Partnerschaften mit der älteren Generation (z. B. mit weit entfernt lebenden Großeltern) bieten. Neben diesen inländischen können auch ausländische Partnerschaften begonnen werden. Eine Reise, ein beruflicher Kontakt, ein Austausch, eine bestehende Brieffreundschaft etc. können Grundlage für eine **OKiP@** sein.

Fotos mit einer digitalen Kamera

Einfache digitale Kameras kann man schon für relativ wenig Geld kaufen. Sie bieten den Vorteil, dass die Entwicklungskosten sehr gering sind und die Kinder daher ausgiebig mit dem Medium Foto experimentieren können. Die Fotos lassen sich ausdrucken (auch schwarz-weiß), und so halten die Kinder nach kurzer Zeit ein Ergebnis ihrer Arbeit in Händen, mit dem sie sich identifizieren können.
Die Kinder können nach kurzer Einführung frei mit der Kamera umgehen. Sie können eigene Ideen verwirklichen oder auch zu einem vorgegebenen Thema Fotos machen. Obwohl die Handhabung der Kamera manchmal mit Schwierigkeiten verbunden ist, sind die Ergebnisse sehr beeindruckend. Insbesondere für die Vorbereitung einer Homepage sind Fotos, die mit einer digitalen Kamera gemacht werden, sehr geeignet.

Andere Sprachen

Surfen im Netz eignet sich auch, um auf die Vielfalt von Sprachen hinzuweisen. Leicht kann man zu englischsprachigen Kinderseiten surfen. Wenn man den Kinder etwas vorliest, wird schnell deutlich, dass dies eine andere Sprache ist. Trotzdem sind z. B. die Bilder häufig bekannt. Viele der bei uns bekannten Film- und Zeichentrickfiguren sind auch auf den fremdsprachigen Seiten zu finden. So bekommen die Kinder einen ersten Eindruck von einer anderen Sprache.

Chatten und WebCam-Kontakt

Mit Hilfe des Programms „Microsoft Netmeeting", das als Software in den neueren Windows-Rechnern unter „Programme" bereits enthalten ist, lassen sich sehr einfach Chat-Situationen herstellen. Ist das Programm noch nicht installiert, lässt sich dies nachholen. Anschließend meldet man sich menügeführt an. Auch der ausgewählte Partner meldet sich an und zu einem vereinbarten Zeitpunkt „trifft" man sich im Netz. Entweder schreiben nun die Erwachsenen Text hin und her, oder man nutzt das Paint-Programm, das die Kinder aus den Übungen zum Versenden von E-Mails schon kennen, und das es beispielsweise möglich macht, gemeinsam ein Bild zu malen.
Schließlich können auch WebCams angeschlossen werden; auch diese sind relativ günstig zu kaufen. Wiederum zu abgesprochenen Terminen, kann man Mutter, Vater oder Kinder eines anderen Kindergartens „treffen" und sich mit ihnen unterhalten. Man kann miteinander reden oder sich gegenseitig etwas vorführen – z. B. die Arbeitsergebnisse aus unserem Online-Projekt.

Literatur:

- **Anfang, Günther u. a. (Hg.):** Erlebniswelt Multimedia. Computerprojekte mit Kindern und Jugendlichen, München 2001
- **Bayerische Landeszentrale für neue Medien (Hg.):** Medienkompetenz im Informationszeitalter, Schriftenreihe Bd. 36, München 1996
- **Cromwell, Sharon/Butschkow, Ralf:** Mein erstes Buch vom Internet, Carlsen Verlag
- **Decius, Marc/Panzieri, Ralf:** Wir sind das Netz. Chancen und Risiken des Internets für Kinder und Jugendliche – ein praktischer Leitfaden, Weinheim 2000
- **Dennig, Thomas:** Medien erleben und gestalten. Medienerziehung für sozialpädagogische Berufe, Berlin 1999
- **Deutsches Jugendinstitut (Hg.):** Handbuch Medienerziehung im Kindergarten, Teil 2: Praktische Handreichungen, Opladen 1995
- **Feil, Christine (Hg.):** Internet für Kinder. Hilfen für Eltern, Erzieher und Lehrer, Opladen 2001
- **Kienitz Günter/Grabis, Bettina:** Die 555 besten Internet-Adressen für Kinder, Moses-Verlag, Kempen 2000
- **Kobbeloer, Michael:** Internethandbuch für Erzieherinnen und Erzieher, Cornelsen Verlag, Berlin 2002
- **Maier, Rebecca/Mikat, Claudia/ Zeitter, Ernst:** Medienerziehung in Kindergarten und Grundschule, Kopäd Verlag, München 1997
- **Moser, Heinz:** Einführung in die Medienpädagogik. Aufwachsen im Medienzeitalter, Opladen 1999
- **Moser, Sonja/Dreyer, Klaus:** Brieftauben im Internet. Kinder- und Jugendprojekte rund ums Internet, Kopäd-Verlag, München 2000
- **Moser, Sonja/Dreyer, Klaus:** Schätze im Netz. Kinder- und Jugendprojekte rund ums Internet, Kopäd-Verlag, München 2000
- **Moser, Sonja/Dreyer, Klaus:** Im Netz werken. Kinder- und Jugendprojekte rund ums Internet, Kopäd-Verlag, München 2001
- **Näger, Sylvia:** Zauberei mit und ohne Computer – Projektarbeit im Kindergarten. In: **Bundeszentrale für politische Bildung (Hg.):** Handbuch Medien. Medienerziehung früh beginnen, Bonn 2001
- **Schell, Fred u. a. (Hg.):** Medienkompetenz. Grundlagen und pädagogisches Handeln, München 1999
- **Schindler, Wolfgang u. a. (Hg.):** Bildung in virtuellen Welten. Praxis und Theorie außerschulischer Bildung mit Internet und Computer, Frankfurt a.M. 2001
- **Stieper, Frank:** Komm mit ins Internet, Coppenrath Verlag, Münster 2000

Impressum:

‚spot: So geht´s - Computer und Internet im Kindergarten' ist ein Sonderheft der Zeitschrift ‚kindergarten heute - Zeitschrift für Erziehung'

Redaktion:
Christine Merz (verantw.)
Carolin Küstner
Matthias Bergediek

Anschrift der Redaktion:
Hermann-Herder-Straße 4
D-79104 Freiburg im Breisgau
Tel.: 07 61 / 27 17 -438 oder -208
Fax: 07 61 / 27 17 -240
E-Mail: kiga@herder.de

Verlag:
Verlag Herder GmbH & Co. KG
Hermann-Herder-Straße 4
D-79104 Freiburg im Breisgau

Fotos:
Getty Images Deutschland GmbH
Buttermelcherstraße 16
80469 München;
Jutta Eichhorn

Grafik und digitale Bearbeitung:
MEDIENHAUS-LAHR:
Reprographia GmbH & Co.KG
Jürgen Frank Grafik Design

Druck:
freiburger graphische betriebe (fgb),
Freiburg im Breisgau

Bestellungen:
Verlag Herder GmbH & Co. KG
Hermann-Herder-Straße 4
D-79104 Freiburg im Breisgau
Tel.: 07 61 / 27 17 -244
Fax: 07 61 / 27 17 -249
E-Mail: bestellservice@herder.de
Internet: www.kindergarten-heute.de
Gedruckt auf chlorfrei gebleichtem Papier

Titelnummer 381
1. Auflage 2002

ISBN 3-451-00381-3